［音声DL付き］

JN104736

1ヵ月1000単語メソッドで制覇する

大学入試英単語

SPARTA

mastery level 1000語

3

スタディサプリ英語講師

関正生

かんき出版

1ヵ月で英単語に
ケリをつけよう!

いつから単語帳が「情報量」を競うようになったのでしょう…。
あれやこれやとたくさんの情報を詰め込んだ単語帳ほど「本格派」
と思われる風潮ができあがり、受験生はもはや「ムチャぶり」とし
か思えない情報量に苦しめられています。高校生は四六時中、何年
間も単語帳に追われている感覚を持っているのではないでしょう
か。もはや単語帳は学習者を苦しめたり、挫折感を与えたりするも
のになっている気がするのです。
そもそも情報量を競うのは辞書の役割であって、単語帳本来の役目
は「情報を絞ること」、そして「覚えさせること」だと思うのです。
受験生の負担を減らしてこそ単語帳の存在意義があるのです。
そこでこの本は単語帳本来の目的として、まずは「意味」を覚える
ことを最優先させました。また、単語帳はやりきらないといけませ
ん。単語帳は「卒業させる」ことも大事な仕事なのです。少なくと
もこの本は、今までの単語帳の方針をただなぞるのではなく、受験
生が「英単語にケリをつける」ことができるものを目指しました。

「スパルタ(Sparta)」とは?

スパルタは古代ギリシャの都市国家（紀元前10世紀頃〜紀元前146
年）で、独自の戦術を使う最強の戦士を抱えていたことで有名です。
その強さを維持するための厳格な教育制度は「スパルタ式」と呼ば
れていました。
Sparta [spáːrtə] の形容詞 Spartan [spáːrtn] を辞書で引くと「厳格な・
勇敢な・鍛え上げられた」といった、実に勇ましい意味が並ぶ中、「質
素な」という意味も載っています（英英辞典なら simple という単語で
説明されています）。この本にはまさに、Spartan の意味が存分に込め

られています。

ただし「厳格な」という言葉を盾にして、指導者側に都合の良い「情報をたくさん押し付ける」ようなことはしません。そうではなく、「1ヵ月1000単語メソッド」という、厳しいながらも無駄をそぎ落とした"極上のsimple"とも言えるメソッドに「厳格な」姿勢で取り組んでほしいという願いがあります。そこに取り組むみなさんはきっと「勇敢な態度」をとることになり、その中で単語力だけでなく受験勉強に取り組むメンタルまでもが「鍛え上げられた」ものになるはずです。

今までの単語帳で暗記するときは、もしかしたら「マイペース」だったり、「つい惰性でダラダラ」見ていたり、小テストの直前に詰め込むだけの「その場しのぎ」の姿勢だったりしたかもしれません。でも、そんな姿勢とはこの本で決別して、「気持ちとやり方を劇的に変えるからこそ劇的な効果が出る」というSpartanなこの本で、単語帳にケリをつけましょう！

そんな方向性を本書に与えてくださった、前澤美恵子さん、そして、大倉祥さんを始め、かんき出版の皆様、この本に関わってくださったすべての方々に感謝申し上げます。そして何より、今この本を手にしているみなさんが「1ヵ月で1000単語を覚える」という、心が震える体験を味わえることを信じています。

さあ、戦いの始まりです。

関　正生

単語に関する固定観念を
打ち砕く

やり方を劇的に変えるから「劇的な効果」が生まれる

講師1年目から30年近く、必ず授業で話すのが「1ヵ月1000単語習得メソッド」です。これは僕自身が高校2年のときに考え、大学受験時はもちろん、大学入学後もさらなる英単語増強のため、そしてフランス語の単語を覚えるときに大活躍してくれた方法です（この方法を使って半年足らずで4000ものフランス語を覚えました）。

常識では「1ヵ月で1000個も覚えるなんて絶対ムリ…」と思われるでしょうが、やり方を劇的に変えるからこそ「劇的な効果」が生まれるわけです。その経験と方法論を、中学生・高校生・大学生・社会人問わず毎年話してきました。予備校の教室はもちろんのこと、今までにオンライン予備校『スタディサプリ』やTSUTAYAの学習用DVDを通じて、700万人以上の英語学習者に伝えてきました。それに加えて、NHKラジオ『基礎英語2』の連載を通じて、全国の中学生にもこの方法を伝えました。さらに、とある有名企業で講演したときにも、40代・50代の社会人にこの方法での単語習得を勧めました。まさに年齢を問わず通用する方法論です。

ただ、この「1ヵ月1000単語習得メソッド」で実際に大成功をおさめた人がたくさんいる反面、自分の単語帳がたくさんの情報を載せるタイプのものだったり、長文を使って覚える単語帳だったりしたためにうまく進められなかった人もいました。

そこで「1ヵ月1000単語習得メソッド」を続けやすく、様々な工夫を凝らしたのがこの本です。

コツコツやるから挫折する

「1ヵ月1000単語習得メソッド」なんて聞くと、怪しい方法を想像するかもしれません。もしくは「右脳」がどうとか、「記憶のためには寝る前がいい」とか…。もちろんそういう話もあっていいのでしょうが、僕個人は脳科学には興味がありませんし、実際に高校生がそういった話に興味を示すことは稀で、むしろ響かない気がします。では、何が必要なのか？　それは「単語の覚え方に対する意識改革」です。ズバリひと言でまとめるなら…

単語は一気にやる！

これなんです。単語の話になると、なぜか「少しずつコツコツやるもの」という考えが広まっていますよね。でも少しずつコツコツやれる人って、実際にはあまりいないと思います。少なくとも僕自身はコツコツやったことなどありませんし、今までにたくさんの生徒を見てきた立場から断言できますが、「コツコツやれる子は超少数派」です。学校のクラスに1人か2人でしょう。つまり、クラスで1・2を争う努力家ならうまくいくのですが、僕を含むそれ以外の人にはコツコツやることなんて"できない"のです（ちなみにコツコツやってうまくいった人が動画サイトなどで「コツコツやることが大事」と言っているだけです）。

コツコツできないなら、一気にやるしかありません。みなさんもここで一度、腹をくくって1ヵ月だけ気合いを入れて行動してほしいのです。きっと世界が変わりますよ。

単語を覚えるメカニズム

典型的な失敗パターンがある

みなさんが今から新しい単語帳にチャレンジすることを決意したとします。その単語帳には1000個の英単語が載っています。では、そこで質問です。

Q 「1日に何個ずつ」進める計画を立てますか？

この質問を高校生に聞くと、「1日10個」「20個ずつ」といった回答が9割以上を占めます。でも、実はここに失敗があるんです。

1日10個ずつやると、1000個終えるためには（1日もサボらずにやっても）100日かかります。20個でも50日かかりますね。もちろん1回で覚えることなど人間にはできませんから、1日に20個ずつ取り組んでも、51日目にはまた最初の単語に戻りますね。そこで2つ目の質問です。

Q 「初日にやった20個の単語」のうち、50日後は「何個を覚えている」と思いますか？

これもたくさんの生徒に聞いた質問ですが、みんなこう言うんです。「5、6個」「半分（10個）はいかないかな」などなど。

…絶対にウソだ！

いいですか、50日も間隔が空くんです。50日前にやった単語なんて普通は絶対に思い出せません。たとえば僕が高校生のときなら、覚えているのはゼロか1個でしょう。2個なら奇跡だと思います。人間の記憶力なんて、そんなもんです。

みなさんがこの本を読んでいる今日は何月何日でしょうか？　今日から50日前の日をスマホのカレンダーでチェックしてみてください。その日に覚えた英単語を、今日までしっかり覚えている自信があるでしょうか？

※この原稿を書いているのが、10月14日なんですが、50日前が真夏で気温が37度とかだったことすら、今となっては信じられないくらいです。50日って長いですよね。

期間を空けたらアウト

暗記モノの最大のポイントは「ウロ覚えを繰り返す」ことです。暗記というのは気合いを入れて「覚えるぞ！忘れないぞ！」と思っても忘れるものです（むしろリキみすぎると余計に頭に入りにくくなります）。ですから「忘れてもいいので短期間に何度も繰り返す」方法のほうが効果があるはずです。つまり「ウロ覚えでいいので何度も繰り返す」のがいいのです。この「ウロ覚えの反復」というのが、1000単語習得法の最大のポイントになります。ウロ覚えでOKなので「とにかく短期間でたくさんの単語を繰り返し目に焼き付ける」のが大切です。先ほど、1日20個だと50日も間隔が空くのでNGだと話しましたね。以下のような式になるはずです。

1日20個 × 50日 ＝ 1000個

これだとうまくいかないのであれば、ちょっと式を変えてしまいましょう。$20 \times 50 = 1000$ → $20 \times 10 \times 5 = 1000$ → $200 \times 5 = 1000$ になります。最後の式は、1日200個 × 5日 ＝ 1000個となります。

これで暗記の間隔が空かなくなります。5日で1周するわけですから、6日目はまた最初の単語に戻れるわけです。

「1ヵ月6回」という黄金ルール

もちろん、ここでツッコミが入りますよね。「200個もできるわけない！」って。これについては後ほど詳しく話しますので（10〜11ページ）、まずは「1ヵ月で6セット繰り返す」ことの大切さを語らせてください。この「1ヵ月に6回繰り返す」ことがポイントです。単語は1、2度見ただけでは覚えられません。ですから「短期間で何度も繰り返す」必要があるわけですが、僕が英語を教えてきた経験から「ベストだ！」と考えたのが「1ヵ月に6回繰り返せば覚える」というものです。

これで大半（90%以上）の英単語の意味がスラスラ出てくるようになります。「なんだよ、100%じゃないのかよ！」なんて言わないでください。人間のやることですから、そこまでうまくいくとは限りません。でも90%だって、とんでもない数字ですよね。1ヵ月で900個の単語を覚えられるなんて、世間では奇跡だと思われていることです。

1000単語習得メソッドとは？

具体的な方法

「1日200個×5日」で1セットです。5日で1セットですから、6日目からは2セット目（つまり1日目にやった最初の200個に戻る）に入ります。これをひたすら6セット繰り返します。

1セット目	1日目 ▶ ZONE1（1番〜200番）	4日目 ▶ ZONE4（601番〜800番）
	2日目 ▶ ZONE2（201番〜400番）	5日目 ▶ ZONE5（801番〜1000番）
	3日目 ▶ ZONE3（401番〜600番）	まずは1セット、おつかれさま!
2セット目	6日目 ▶ ZONE1（1番〜200番）	9日目 ▶ ZONE4（601番〜800番）
	7日目 ▶ ZONE2（201番〜400番）	10日目 ▶ ZONE5（801番〜1000番）
	8日目 ▶ ZONE3（401番〜600番）	ここまでが、かなり大変。
3セット目	11日目 ▶ ZONE1（1番〜200番）	14日目 ▶ ZONE4（601番〜800番）
	12日目 ▶ ZONE2（201番〜400番）	15日目 ▶ ZONE5（801番〜1000番）
	13日目 ▶ ZONE3（401番〜600番）	まだまだ覚えられないのがふつう。
4セット目	16日目 ▶ ZONE1（1番〜200番）	19日目 ▶ ZONE4（601番〜800番）
	17日目 ▶ ZONE2（201番〜400番）	20日目 ▶ ZONE5（801番〜1000番）
	18日目 ▶ ZONE3（401番〜600番）	少し手ごたえがあるかも…。
5セット目	21日目 ▶ ZONE1（1番〜200番）	24日目 ▶ ZONE4（601番〜800番）
	22日目 ▶ ZONE2（201番〜400番）	25日目 ▶ ZONE5（801番〜1000番）
	23日目 ▶ ZONE3（401番〜600番）	十分手ごたえがあるはず!
6セット目	26日目 ▶ ZONE1（1番〜200番）	29日目 ▶ ZONE4（601番〜800番）
	27日目 ▶ ZONE2（201番〜400番）	30日目 ▶ ZONE5（801番〜1000番）
	28日目 ▶ ZONE3（401番〜600番）	これで完成!

この方法で、必ず5日に1回は同じ英単語に目を通すことになります。

「1時間100個ペース」

先ほど「1日に200個に取り組む」と言いましたが、1日に200個の単語を「覚える」という意味ではありません。そんなことは不可能です。あくまで完成は1ヵ月後なので、まずは「ウロ覚え」でOKです。1日のノルマ（200個）をウロ覚えで構わないので、どんどん進めていってください。

では、どの程度を「ウロ覚え」と判断すればいいのでしょうか？

僕がこの方法で理想だと思うのはズバリ「1時間100個ペース」です。1時間で100個というのは、やってみればわかりますが、けっこうテキパキ進めないとすぐに時間が経ってしまうでしょう。でも、それでいいんです。もちろん100個に対して3時間でも4時間でも使えるなら理想ではありますが、現実的にそこまで時間を割けないでしょう。以下の目安を参考にしながら進めてみてください。

ウロ覚えのペース

❶ 今この瞬間「覚えた！」と思ったら、すぐ次へ進む
❷ 最初から知ってる単語は即ムシ
❸ 覚えるとき、簡単な単語は数秒だけ目を通す
❹ 難しい単語はじ〜っくりと

1時間に100個ペースで進めるわけですが、1日のノルマは200個なので、1日に使う時間は「2時間」です。

「1時間後にテストが待ってる」つもりで

「1時間100個ペース」でわかりやすいイメージが、「1時間後に単語テストがある」と想像することです。

イメージ

今、単語100個のリストを渡されました。今は何時ですか？時計を見て、今からジャスト1時間後に、その100個の単語テストがあります。では1時間の自習タイム、スタートです！

これでどうやればいいのか、想像がつくと思います。1時間後にテストが待っているわけですから、知ってる単語なんてどうでもいいですよね。知らない単語には時間をかけるはずです。でもかけすぎると全部終わらないので、とりあえず次に進みますよね。そんなときに「先生、何回書いたらいいんですか？」なんて質問はしませんよね。その時間だって惜しいはずです。で、一生懸命やって100番目まで行って、時計を見たら50分経っていた。そのときはまだ10分残っているので、最初に戻って忘れていそうな単語をまた確認するでしょう。

こんなイメージで進めれば、余計な雑念・疑問も出てきません。とにかくやるだけです。先ほども言いましたが、100個の単語に3時間かけたほうが効果はありますが、そこまで単語に時間を割くことはできないでしょう。かといって30分だけでは、ウロ覚えが浅すぎて効果が出ません。やはり1時間はかけてほしいところです。

よくある質問

絶対に気を付けるべきこと

Q 「succeed→成功する」それとも「成功する→succeed」どっちの順番で覚えるの?

A 「succeed→成功する」の順番で覚えます。英語を見て日本語が出ればOKということです。経験的にわかるでしょうが、「英語→日本語」のほうが断然ラクに覚えられます。

とある有名な言語学者によると「英語→日本語」の労力に対して、その逆「日本語→英語」は4倍の労力がかかるそうです。それを踏まえて、みなさんは次のどっちを手に入れたいですか?

❶ 「英語を見た瞬間に意味がわかる単語」を1000個

❷ 「日本語を見て英語まで言える単語」を250個

これが同じ労力なら、僕は絶対に❶です。まずは英語を見て意味が浮かぶ単語の数を増やしていくほうが、英語の勉強は順調に進みますし、今の大学入試では確実に点数につながります。「日本語を見ても英語が出るようにしたほうがいい」「つづりもちゃんと書けたほうがいい」… 世間ではいろいろなことが言われてますが、単語を覚えるときに「〜したほうがいい」と考え出したらキリがありません。「〜したほうがいい」ではなく、「〜しなきゃいけない」ことだけに集中してください。「〜したほうがいい」ことまでをやりながらマスターできるほど単語は簡単ではないことをみなさんは知っていると思います。まだ意味も言えない段階で「英作文のときに困るから日本語から英語を言えたほうがいい」とかは考えないほうがいいですよ。それは「まず意味を覚えてから」ですよね。

発想を変えるべきこと

Q この本って、単語の訳語が1つだけのものが多いけど、それでいいの？

A それでいいんです。まずは1つの英単語につき1つの訳語だけを覚えていくのが理想です。また、単語帳のたくさんの情報を活用できている高校生は相当少ないと思います。たとえば、discussという単語の訳語は「～を議論する」と書いてある単語帳がほとんどです。「～を」をつけることで「他動詞の用法ですよ」と示しているのですが、高校生の一体何％がそこまで意識して取り組んでいるのでしょうか？　僕の講師経験から言えば、絶対に1％もいないと断言できます。discussは有名な他動詞なので、文法問題で出てきたときに「discuss aboutとは言わない」とか「discuss the planの形が正しい」と言われて覚えたはずです。

単語を覚えるときはあれもこれも欲張らず、まずシンプルに意味だけに集中して、最も効率の良い方法をとりましょう（本書では「～を」などは原則カットしています）。

また、異なる意味があっても、やはりまずは1つに絞るべきです。というのも、欲張ってたくさん覚えようとすると、結局どれも覚えられないからです。まず1つの意味をしっかり覚えることで、その単語に対する「記憶の土台」がしっかりとできあがります。その後で別の意味で出てきたときに、その新たな意味を覚えればいいのです。

※意外な意味のほうが重要（受験生にぜひ覚えてほしい意味）なときは、本書では「その訳語に下線」を引きました。

Q 派生語とかもあまり載ってないけど…。

A それがいいんです。必ず出る質問で、「派生語（名詞形・形容詞形など）も一緒に覚えるほうがいいの？」「同意語・反意語もチェックすべき？」というものがあります。多くの英語の先生は「覚えたほうがいい」と答えるでしょう。でも僕の答えは「ノー!!」です。そもそも「意味を覚える」のが最優先のはずですよね。ならばその目標の最短経路を進むべきです。

でも、単語帳というものはとにかく派生語を羅列する傾向があります。たくさんの情報が載っているほうが親切に見えますよね。むしろそういう情報を載せないと「手を抜いてそう」とか「もっと情報量がほしい」なんて言われてしまうのです。

高校生からしても、いくら「無視しよう」と言われたところで、たくさんのことが書かれていると、「なんかもったいない」みたいな心理が働き、ついつい見てしまうものですよね。しかも学校ではそういう生徒がほめられたりするわけです。

でも覚えられない単語帳に意味はありません。だからこの本では、みなさんが単語を覚えるのに集中できるよう、かなりの派生語をそぎ落としました。「その単語を覚えるのに役立つとき」「派生語を見ても負担にならないとき（たとえば-lyを付けるだけの副詞形）」「注意が必要なのでチェックしたほうがいいとき」に絞りました。

逆に、派生語自体を「見出し語」にするときもあります。ただ「派生語として載せるだけ」だと、あまり真剣に覚えない人も多いのですが、見出し語にすることで注目度を上げました。

※基本的に関連ある単語のすぐ下に載せていますが、簡単なときはあえて離れたところに見出しとして置くことで復習効果を高めました。

Q 例文がないのはなぜ？

A 本書は「覚えさせる」単語帳として、「（過去問から選定する従来の方法と違い）今後の出題を意識した単語選定→絞られた訳語→意味を覚えるフォローとしてのコメント」というsimpleな流れがベストだと考え、例文も載せていません（コメントに使用例が入ることはあります）。おそらく日本で一番の生徒数を教えてきた経験から断言できますが、単語を覚えながら例文を活用できる高校生はかなり少ないです。それどころか、パワーをそっちに吸い取られて肝心の意味すら覚えられない人が多いのです。最優先すべきは「単語の意味を覚えること」ですよね。

「だったら例文を見なければいい」と思えるならいいのですが、「あれば気になる」のが人間です。また、何よりも「例文をスルーして『ホントにいいのかな』と不安になる」人も多いでしょう。そんな罪悪感を抱かせない単語帳があってもいいのではないでしょうか。例文を載せた単語帳は星の数ほどありますが（僕も書いてます）、例文を載せない単語帳をやりたい受験生もいるはずですし、僕自身、受験のときに使った単語帳では例文を一切見ていません。そもそもすべての単語で例文を読んでいては1時間100個ペースを維持できないのです。「意味」をいち早く覚え、「実戦の場（長文問題）」でその威力を試してみたい人向けの単語帳です。

Q 覚えるときは「書きながら」がいいの？

A 書いても書かなくても、どっちでもOKです。書いて覚えるか、目で見るだけで覚えるかは好みの問題です。簡単な単語は目で見るだけで十分でしょう。逆に、難しい単語や何回見ても覚えられない単語ってありますよね。そういうときは何回でも書きましょう。書く場合は「何回書くか」を絶対に決めないでください。回数を決めるとノルマになって「今、何回書いたか」に意識がいってしまいます。すべての集中力は単語に向けるべきです。また、つづりもきちんと書けるのが理想ではありますが、一番大事なのは「意味がわかること」ですから、1000単語習得メソッドではつづりを重視しません。つづりを捨てることで、1000個の単語の意味がわかるという理想の状態に少しでも早く・確実に到達できることを目指します。

Q （1日に200個に取り組むとき）知らない単語だけで200個、それとも知ってる単語も含めて200個？

A 単語の数は「知っている単語も"含めて"200個」です。知らない単語だけ200個を数えるのは時間がかかります。その時間を覚えることにまわしたほうがいいでしょう。

この本では1つのZONEが200個になっているので、1日1つのZONEを進めていけばOKです。よって、その日に取り組む単語の中に知っている単語が多ければ「今日はラッキーだな」くらいに考えればOKです（頻度順の単語帳では「最初が簡単、後半が難しい」となりますが、本書ではレベルは全体で統一してあります）。

その他にも疑問が出てくるかもしれませんが、そのときは「1時間後にテストがある」つもりで考えれば、「あ、こんなことしてる場合じゃないや」と冷静になれます。とにかく目の前の単語を覚えることに集中することが一番大事です。

時間捻出で工夫できること

どう時間を作るか?

「1時間100個ペース」で「1日200個」ということは、「1日に2時間」を単語に使うことになるわけです。もちろんこれはすごく大変なことです。僕は、予備校でこの話を夏休みの最初にしていました。ただ、その後オンライン授業でいつでも見られるようになってからは、「夏に限らず成功した」という声がたくさん届くことを知りました。大事なことは、一番時間がかかる最初の2セットを確実にやり切ることです。2セットやってしまえば、「続けないともったいない」という心理から続けられるものです。「あんなにやったのが無になるのか…」と思うと、意外と続きます(僕はいつもそう思ってます)。そのために、以下の時期にぶつけると挫折しにくくなるでしょう。

❶ 春休み(3月下旬スタートで少し遅れてもGWで取り返せる)

❷ ゴールデンウィーク

❸ 夏休み(7月中にスタート)

❹ シルバーウィーク(9月下旬スタート)

❺ 冬休み(クリスマスと正月に単語をやるのも悪くない)

※もちろん休みがない6月や10月でも、やる気になったときが一番です。

「一気に2時間」やる必要はない!

1日に2時間といっても、120分ノンストップでやる必要はありません。むしろ集中力を欠いて効率が悪くなります。1時間×2回、30分×4回、20分×6回に分けてもOKです。学校があってもいくつかに分割すれば「朝20分、行き帰りの電車で40分、放課後にカフェ

で30分、寝る前に30分」などと工夫できます。さすがに10分×12回などは細かく分けすぎで、頭が「単語モード」になりきれないうちに10分経ってしまう気がするのであまり勧めませんが、まあ、いずれにせよ「やること」が一番大事なので、「続けやすい」やり方でOKです。ちなみに僕が高校生のときは調子が良ければ「1時間×2回」に、ヤル気がないときは「30分×4回」に分割していました。

手ごたえは「5セット目」から

この方法では、「時間がかかるのが1セット目～2セット目」ですが、精神的にツライのが「3セット目～4セット目」です。3セット目あたりで「もうそれなりに覚えてるんじゃないの？」なんて期待しますが、全然覚えてなくて愕然とします。早い人で、4セット目から微妙に手ごたえを感じるかもしれませんが、基本的に4セット目まではまったく効果が出ないのが普通です。

そして、5セット目からかなりの効果を感じるはずです。6セット目でブレイクします。僕が高校生のときは毎回そうでした。4セット目までは覚えていなくても、5～6セット目からブレイクしたという経験です。大学に入ってフランス語でも同じやり方をして、同じ効果が出ています。

さらにその後、予備校で教えるようになって、すべての生徒に教えてきましたが、みんな同じようなブレイクのしかたでした。英語が大キライで赤点の高校生だって、開成高校から東大理三に合格した生徒だって、みんな5～6セット目でブレイクしました。たまに「あまりにも英語が嫌い」という生徒もいて、少し遅れはしましたが、それでも7～8セット目でブレイクしてます（そこまでいけば、1、2セットの追加はさほど時間を要しませんのでご安心を）。そして、中学生にも50代の社会人にも教え続けていますが、結果はまったく同

じです。こういった経験から、自信を持ってこの本に書いております。繰り返しますが、4セット目が終わるまでは「我慢」です。耐えてください。4セット目までに僕に対する不信感と殺意はマックスに達しますが、それでも続けてください！ 4セット目まで続ければ勝負アリなので。5セット目からは時間もかなり短縮できますし、何より効果が出始めるので楽しくて続けられるものです。

予 定 表

1セット目					2セット目				
day 1	day 2	day 3	day 4	day 5	day 6	day 7	day 8	day 9	day 10
ZONE1	ZONE2	ZONE3	ZONE4	ZONE5	ZONE1	ZONE2	ZONE3	ZONE4	ZONE5

3セット目					4セット目				
day 11	day 12	day 13	day 14	day 15	day 16	day 17	day 18	day 19	day 20
ZONE1	ZONE2	ZONE3	ZONE4	ZONE5	ZONE1	ZONE2	ZONE3	ZONE4	ZONE5

5セット目					6セット目				
day 21	day 22	day 23	day 24	day 25	day 26	day 27	day 28	day 29	day 30
ZONE1	ZONE2	ZONE3	ZONE4	ZONE5	ZONE1	ZONE2	ZONE3	ZONE4	ZONE5

本書の単語選定について

どの単語帳も入試を想定すると同時に、高1・高2の日常学習用としてのつくりも意識しているようです。

でもこの本は「大学入試の英文を意識した単語帳」であり、「受験生が使う」ことだけを想定して、基本単語でありながらも受験生なら知っていることが多いものは選定から外しました。逆に、簡単な単語でも受験生が意外と見落としがちな単語、出題頻度が低い単語でも実際に出たら受験生が困る単語（キーワードになるもの）は選定しました（ちなみに、2023年の共通テストを見ると、明らかに単語の「幅」が広がりました。マイナーな単語がたくさん出るようになったのです）。

学校で配られた単語帳を多少なりともやったことがある高校生がほとんどですから、そこを考慮した上で「受験生が1ヵ月で仕上げられる」かつ「今までの単語帳とは違った実感を持てる語彙」を選定しています。まさに「時間がない・単語力に不安がある受験生」が短期間で一気にパワーアップできる単語帳を目指しました。

シリーズの全体像

1　standard level　共通テスト8割を目指す
2　advanced level　共通テスト8割以上〜MARCH・国公立を目指す
3　mastery level　早慶上智・旧帝大を目指す

※全レベル3冊に見出し語の重複はありません。

■ 1　standard level

私大・国公立大入試に加え、共通テスト・英検を強く意識しました。そういった試験では単語が少し特殊で（日常的な単語・グラフ表現・

生物名などが一般入試に比べてよく出る）、普通の受験勉強ではノーマークになる単語がたくさんあるからです（2025年から共通テストが変わる予定ですが、今までの傾向・実用性重視の方向性から、単語については変わらず、むしろそういった単語がますます重視されていくと考えています）。

■2　advanced level
基本単語ながら受験生が見落とす単語を掲載しつつ、多少難しい単語・新しい単語も知っておくべきレベルの大学を目指す人にピッタリ合った単語を選定しました。簡単すぎず、難しすぎずというバランスが特長でもあります。

■3　mastery level
確実に難化しているトップレベルの大学を意識した単語選定です。今まで受験の世界では扱われなかった単語や、ニュース系の単語も多く入れました。
世間では「早慶を目指すなら英検準1級やTOEFLの単語帳を使おう」というアドバイスが多いのですが、それは（受験という意味では）無駄が出ます。レベル3は「あくまでトップの受験生のために、難単語を収録した大学受験用の単語帳」にしました。

■巻末の「＋α」
スペースの関係で、本編には載せられなかった単語をここに載せておきます。本編の1000個よりは「重要度が下がる・知っている人が多い・基本的すぎる・ちょっと細かい」などの理由を持つ単語です。余裕があれば目を通しておいてください。もちろんその場合は本編同様、1日200個くらいで一気に片づけてもいいでしょう。

本書の使い方と特長

ZONE 1
❶ / ❷ / ❸ / ❹ / ❺ / ❻ / — A

B — 081 ■ ■ ■ ■ ■

alliance [əláiəns] — C

D

名 同盟

ビジネスで「アライアンス」は「業務提携」のこと／the alliances during World War II「第二次世界大戦における同盟」

082 ■ ■ ■ ■ ■ ■

ruling [rú:lɪŋ] 注🔥 — H

名 判決
形 支配している・有力な — E

rule 動 支配する・裁定する

動詞 rule「支配する」→「（裁判官がその場を支配して）裁定する・判決を下す」の名詞形／慶應大の「ネットに関する裁判」で出た。 — F

083 ■ ■ ■ ■ ■
G

disarm [dɪsá:rm]

動 武装解除する

「武器（arm）をなくす（dis）」→「武器を取り上げる」→「武装解除する」／護身術で相手の凶器を取り上げる動作を「ディサーム」と言っていた（僕は護身術を習っていた）。

084 ■ ■ ■ ■ ■

oust [áust]

動 追い出す

「外に（out）立つ（st=stand）」→「ある場所から追い出す」と考えよう。

085 ■ ■ ■ ■ ■

truce [trú:s]

名 休戦 動 休戦する

true「真実の・忠実な」と関連があるので、「もう戦争はやめようという気持ちに忠実に（true）なる」と考えよう。

44

(A) みなさんの単語との戦いの歴史をここに記録しよう（日付の記録）。時間や場所、そのときの気持ちも書いたっていい。

(B) 敵の数（1000単語のうち通し番号）

(C) 6セット分のチェックボックス。今回のセット数をチェックしておこう。

(D) さあ、この単語を攻略しよう!

(E) 単語の意味。付属の赤シートを活用しよう! 「ぜひこっちのほうを覚えてほしい」というものに下線が引かれています。また、多義語はどの意味も大切なので下線はありません（多義語のアイコンがついています）。

(F) インプットに絶大な効果がある「コメント」
記憶のフックとなるコメントなど、印象に残るエピソードも満載。

(G) 派生語などの情報。ただし、覚えるときはスルー推奨。

(H) とくに重要な単語や、頻出の単語などには「アイコン」で注意喚起。

本書で使用しているアイコンについて

本書に掲載した単語は、言うまでもなくすべて大事ですが、選定基準が従来の単語帳とは違うため、「ホントにこんな単語が出るの?」と不安になるものもあるかもしれません。そういった単語や「特にある面において大事な単語」にはアイコンをつけました。

 → 「従来の単語帳では取り上げられない新しい単語」、もしくは「すでに載ってはいるが（あまり強調されていないので）新たに注目すべき単語」

 → 文法問題・品詞問題で狙われる単語

 → 多義語や複数の訳語が大事な単語

 → 発音やアクセントが入試で狙われる単語

次の (1) ～ (5) の単語の意味を、① ～ ⑤ から選びなさい。

1 (1) concede (2) faithful (3) ubiquitous (4) rear (5) autism

① あちこちで見かける ② 自閉症 ③ 譲歩する ④ 育てる／後ろ ⑤ 忠実な

──────── A (1)③ (2)⑤ (3)① (4)④ (5)②

2 (1) accord (2) fierce (3) summon (4) takeaway (5) eclipse

① (日食・月食で) 欠けること ② 一致する・与える／一致
③ 覚えておくべきポイント・教訓 ④ 激しい ⑤ 呼び出す

──────── A (1)② (2)④ (3)⑤ (4)③ (5)①

3 (1) disguise (2) plight (3) reconcile (4) subtract (5) perpetual

各zoneの終わりに200単語の意味を答える確認テストがついています。
しっかりインプットできたか、答えを赤シートで隠してチェックしてみましょう。
Prove your mettle!

確認テストの後に、ちょっとしたメッセージとなるコラムを掲載。モチベーションアップにつなげてください。

＋αの単語一覧

本書に掲載されている1000単語にプラスαして覚えておくとよい単語を掲載しています。

巻末さくいん

すべての見出し語と派生語をアルファベット順に掲載。総チェックとしてお使いください。シリーズのほかの2冊に掲載されている単語もチェックできます。

○ 音声ダウンロード

英単語の音声がダウンロードできます。音声は①英単語のみ、②英単語と日本語訳のセット、の2つの形式のものがあります。奇数ページの右上にある表示がトラック番号です。10単語ごとに1つのトラックに収録してありますが、200単語通して1つのトラックにまとめた音声データもございますので、以下のサイトにアクセスしてご確認いただき、ダウンロードをお願いいたします。

https://kanki-pub.co.jp/pages/sparta3/

※音声ダウンロードについての問い合わせ先：http://kanki-pub.co.jp/pages/infodl/

英語ナレーター
Haward Colefield　Jennifer Okano
日本語ナレーター
中村章吾　水月優希

英単語SPARTA　Contents

ZONE

[単語001～200]

	DATE	NOTE
Set 1	/	
Set 2	/	
Set 3	/	
Set 4	/	
Set 5	/	
Set 6	/	

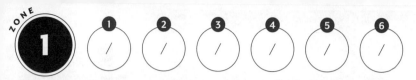

001 ■ ■ ■ ■ ■ ■

technically
[téknɪkli]

technical 形 技術的な・専門的な

副 厳密に言えば

「技術的に・専門的に」の意味もあるが、「(専門家のように) 厳密に言えば」の意味が重要で、2020年入試だけで慶應大と早稲田大2学部 (しかも1つは下線で問われた) で出た。

002 ■ ■ ■ ■ ■ ■

solicit [səlísət]

動 求める

「1人きり・ソロ (soli) で不安になっていろいろ求める」なので、「アドバイス・助け・お金」を求めることが多いと覚えよう。

003 ■ ■ ■ ■ ■ ■

burdensome
[bə́:rdnsəm]

burden 名 重荷

形 重荷となる

「重荷 (burden) になるような (some)」／語尾の some は「性質」を表す (troublesome「やっかいな」)。

004 ■ ■ ■ ■ ■ ■

correlation
[kɔ̀:rəléɪʃən]

名 相関関係

「一緒に (co) 関係すること (relation)」→「相関関係」／correlation between smoking and poor health「喫煙と不健康の相関関係」

005 ■ ■ ■ ■ ■ ■

disseminate
[dɪsémənèɪt]

dissemination 名 普及

動 広める

「ブワーッと種をまき散らす」イメージで、「言説・ニュース」などが広まる感じ。

006

figuratively
[fígjərətɪvli]

副 比喩的に

literally「文字通りに」とセットでチェックしよう／以前は扱われなかったが最近の入試では重要で、慶應大の長文問題でも出ている。

007

summon [sʌ́mən]

動 呼び出す

授業で「召喚する」と訳すと嬉しそうな顔をする生徒が必ずいる／summon a demon「悪魔を召喚する」をリズムよく口ずさもう。

008

inflict [ɪnflíkt]

動 (苦痛を) 与える

「大ダメージを与える (会心の一撃)」というイメージ／a self-inflicted wound「自ら負った傷」／be inflicted with ～「～ (苦痛) を与えられている」→「～に苦しんでいる」が重要。

009

lingering [líŋgərɪŋ]

形 長引く

linger **動** 長引く

「リンガリング、リンガリング…」という音にはダラダラと間延びしたニュアンスがあり、そこから「長びく・グズグズする・長く残る」

010

multitude
[mʌ́ltət(j)ùːd]

名 多数

「たくさんの・マルチな (multi) 状態 (tude)」→「多数」／a multitude of ～「たくさんの～」

---

011 ■■■■■■

whatsoever
[wʌ̀tsouévər]

副 まったく(〜ない)

否定表現をつくる語句の後ろに置いて「否定の強調」になる（東大で出題）／The employees have no motivation whatsoever.「従業員はまったくもってやる気がない」

---

012 ■■■■■■

propensity
[prəpénsəti]

名 傾向・性質

「前へ (pro) 傾く・ぶらさがる (pens=pend) 性質 (ity)」→「ある方向へ向けてぶらさがる・傾くこと」→「傾向・性質」

---

013 ■■■■■■

regenerative
[rɪdʒénərətɪv]

regenerate 動 再生する

regeneration 名 再生

形 再生力がある

「再び (re) 生み出す (generate) 性質の」→「再生力がある」／入試では regenerative medicine「再生医療」、マンガでは a demon with regenerative abilities「再生能力がある鬼」

---

014 ■■■■■■

reinstate [rìːɪnstéɪt]

動 復帰させる

「再び (re) ある状態 (state) の中に入れる (in)」→「復帰・復職させる」/「元に戻す」イメージ。

---

015 ■■■■■■

expertise ✛

[èkspərtíːz]

expert 名 専門家

名 専門知識

「専門家 (expert) の状態」という意味／「求人案内」で「専門知識が必要」といった文脈で出てくる。

30

🔊 **TRACK2** [011-020]

016 ■ ■ ■ ■ ■ ■

haunt [hɔ́:nt]

動 よく行く・幽霊が出る

人 haunt 場所「人 は 場所 によく行く」／
haunted mansion「お化け屋敷」

017 ■ ■ ■ ■ ■ ■

savage [sǽvɪdʒ]

形 獰猛な **名** 残酷な人

「ソバージュ」は「細かいパーマをかけた髪型」だが、この savage と関連があり「野性味ある髪形」というのが本来の解釈らしい。

018 ■ ■ ■ ■ ■ ■

whistle-blowing
[wíslblòuɪŋ]

名 内部告発

whistle は日本語では「ホイッスル」と表記される／「悪いことをしてますよ」という意図を口笛を吹いて (blow) 暗示するイメージ。

019 ■ ■ ■ ■ ■ ■

discretion [dɪskréʃən]

discreet **形** 思慮分別のある・慎重な

名 判断

アメリカの映画で暴力表現などがある場合、Viewer discretion advised. と警告が出ることも(「視聴者の年齢などの判断が考慮される」くらいの意味)。

020 ■ ■ ■ ■ ■ ■

autism [ɔ́:tɪzm]

名 自閉症

auti は auto「自分」の意味／自閉症はまだ解明されていないことが多いのでたくさんの研究がなされ、それが入試問題にもよく出る。

31

021

divert [dɪvə́ːrt/daɪvə́ːrt]

diversion 名 そらすこと・気晴らし

動 そらす

「分離 (di) して向ける (vert)」→「向きを変える・そらす」/「注意をそらす」や「交通の流れをそらす」→「迂回させる」でよく使われる。

022

intrude [ɪntrúːd]

intrusion 名 侵入

動 侵入する

「人のプライベートの中に (in) ズカズカ入っていく」イメージ。

023

malnourished [mæ̀lnə́ːrɪʃt]

malnourishment 名 栄養失調

形 栄養失調の

「悪い (mal) 栄養の (nourished)」/mal「悪い」は malaria「マラリア」で使われる（昔は「悪い空気で感染する」と思われていた）。

024

malnutrition [mæ̀ln(j)u(ː)tríʃən]

nutrition 名 栄養

名 栄養失調

「悪い (mal) 栄養状態 (nutrition)」→「栄養失調」/malnourished「栄養失調の」の名詞形 malnourishment と同じ意味。

025

embark [ɪmbáːrk]

動 乗り出す

本来「乗船する」で、新しい仕事を「始める・乗り出す」という意味で使われる/embark on ～「(事業に) 乗り出す」

◁ TRACK3 [021-030]

026 ■■■■■■

notable [nóutəbl]

形 注目すべき

notably 副 目立って

「注目 (note) されることができる (able)」→「注目に値する」/「有名な」と訳されることが多いが、必ずしも「有名」である必要はない。

027 ■■■■■■

noted [nóutɪd]

形 有名な

「メモ (note) が取られる・注目されるほど」→「有名な」/be noted for ～「～で有名な」が重要。

028 ■■■■■■

ubiquitous
[ju(:)bíkwətəs]

形 あちこちで見かける

「点在している・遍在する」とよく訳されるが、「どこにでもある・あちこちで見かける」という訳語がオススメ/コンビニや自動販売機のイメージ。

029 ■■■■■■

prevail [prɪvéɪl]

動 普及している・打ち勝つ

「ジワジワと浸透している」イメージ/「影響力が浸透している」→「現状に勝つ」→「打ち勝つ」

030 ■■■■■■

prevalent [prévələnt]

形 普及している

prevail は動詞「普及している」、prevalent は形容詞ということに注意 (資格試験ではよく品詞の区別が出る)。

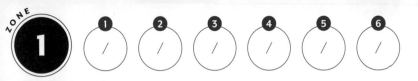

ZONE 1

031 ■■■■■■

reinforce [rìːinfɔ́ːrs]

reinforcement 名 補強・強化

動 補強する

「再び (re) 中に (in) 力 (force) を入れる」→「補強する」／reinforce stereotype「固定観念を強化する」

032 ■■■■■■

persona [pərsóunə]

名 ペルソナ (社会的人格)

本来「役者の仮面」で、心理学では「ペルソナ (周りの人に見せる自分)」と使われる／an online persona「ネット上での人格」

033 ■■■■■■

bullish [búliʃ]

形 (経済で) 上げ相場の

名詞 bull「雄牛」から強気なイメージが漂う単語で、「強気相場の・上げ相場の」という意味。

034 ■■■■■■

undermine
[ʌndərmáin]

動 むしばむ・(地位・名声を) 傷つける

mine には「鉱山 (を掘る)」という意味があり、undermine は「下を (under) 掘る (mine)」→「山・建物の下を掘って徐々にむしばむ・弱める」

035 ■■■■■■

cognitive
[káːgnətiv]

recognize 動 認識する

形 認識の・認知の

最近の入試で猛烈によく出て、しかもキーワードになる (京大では下線部和訳で出た)／cognitive processing speed「認知処理速度」

🔊 **TRACK4** [031-040]

036 ■■■■■■

collision [kəlíʒən]

collide 動 衝突する

名 衝突

「2つのものが一緒に (co) ぶつかること」／衝突したときの音が「コリジャン!」というイメージ。

037 ■■■■■■

distinguished
[dɪstíŋgwɪʃt]

distinguish 動 区別する

形 際立った

「他と区別 (distinguish) された」→「際立って優れた・有名な」(「際立つ」という日本語は「周囲・際とは違う」という意味)

038 ■■■■■■

irrelevant [ɪréləvənt]

relevant 形 関係がある

形 無関係の

「関係 (relevant) がない」(ir は否定の in が直後の r につられて r になったもので、irregular「不規則な」と同じ現象)

039 ■■■■■■

exploit [ɪksplɔ́ɪt]

動 利用する

本来「利用する」がどんどん悪くなって、「不当に利用する」→「搾取する」となった。従来は「搾取する」とばかり訳されるが、実際は「利用する」のほうが多い。

040 ■■■■■■

disguise [dɪsgáɪz]

動 変装させる・隠す

「見た目を変えてしまう」イメージ／「変装」から、「物や事実の偽造・隠蔽」にも使える。

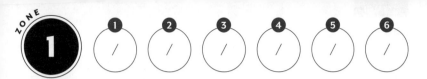

041 ■■■■■■

aesthetic ⊕
[esθétɪk]

形 美的な・美に関する

ギリシア語で"th"は「タ行」で読むので（Athens「アテネ」）、aesthetic は「エステティック」→「エステ」→「美しい」と考えよう。

042 ■■■■■■

diameter [daɪæmətər]

名 直径

meter「メートル」は本来「測る」（barometer「バロメーター」で使われている）／a diameter of 5 centimeters「直径5センチ」

043 ■■■■■■

radius [réɪdiəs]

名 半径

数学での「半径」を"r"で示すのは、この radius のこと。

044 ■■■■■■

static [stætɪk]

形 静的な

dynamic「ダイナミックな・動的な・活動的な」の反対が static／「立ったまま（sta=stand）」→「静止状態の・静的な」

045 ■■■■■■

compromise
[káːmprəmàɪz]

動 妥協する

「共に（com）約束する（promise）」→「歩み寄る・妥協する」

🔊 **TRACK5** [041-050]

---

046 ■ ■ ■ ■ ■ ■

melancholy
[mélənkà:li]

名 憂うつ

melanin「メラニン色素」は「黒いもの」→「黒い・暗い気分」と考えよう。

melancholic 形 憂うつな

---

047 ■ ■ ■ ■ ■ ■

epoch [épək]

名 時代・画期的な出来事

epoch-makingは「時代を作るほどの」→「画期的な」という形容詞／his epoch-making speech「彼の画期的な演説」は早稲田大で出た。

---

048 ■ ■ ■ ■ ■ ■

impede [ɪmpíːd]

動 邪魔する

「人と人の間・中に (im=in) 足 (ped) を入れる」→「邪魔する」(ped「足」は「自転車のペダル (pedal)」などで使われる)

---

049 ■ ■ ■ ■ ■ ■

saying [séɪɪŋ]

名 ことわざ

「(みんなが) 言うこと」→「(みんなに当てはまる) ことわざ」／proverbも同じ意味／famous saying「有名なことわざ」

---

050 ■ ■ ■ ■ ■ ■

census [sénsəs]

名 (国勢)調査

本来「資産を評価する調査」→「(人口の) 調査・国勢調査」

051 ■■■■■■

fabulous [fæbjələs]

形 素晴らしい

fable「伝説・寓話」という単語から、fabulous「伝説みたいな」→「(伝説のように)素晴らしい」

052 ■■■■■■

publicity [pʌblísəti]

名 知名度・評判・広告

「公の (public) 状態」→「知名度・評判」→「(知名度を上げる) 広告」

053 ■■■■■■

subtract [səbtrǽkt]

動 引く

「下に (sub) 引っ張る (tract)」→「引く」／subtract 5 from 8「8 から 5 を引く」

054 ■■■■■■

surmount [sərmáunt]

動 打ち勝つ

「相手の上に (sur) 乗る (mount)」→「打ち勝つ」(mount「登る・乗る」は「マウンティング」で使われる)

055 ■■■■■■

accomplished
[əká:mplɪʃt]

accomplish 動 成し遂げる

形 熟練した

「成し遂げ (accomplish) られた・完成させられた」→「熟練した・完成した」

🔊 **TRACK6** [051-060]

056 ■■■■■■

deed [díːd]

名 行い

do「する」の名詞形／do a good deed「立派な行いをする」

057 ■■■■■■

pierce [píərs]

動 突き刺す

「ピアス」は「耳を突き刺すアクセサリー」／have my ears pierced「耳にピアスの穴をあけてもらう」

058 ■■■■■■

pros and cons 注
[próuz ənd kánz]

名 長所と短所・賛否両論

merits and demerits という言い方はあまりされない／the pros and cons of online classes「オンライン授業の利点と欠点」は自由英作文で重宝する表現。

059 ■■■■■■

commonplace
[káːmənplèis]

形 ありきたりの

「どの場所（place）にも共通して（common）ある」→「どこにでもある・当たり前の・ありきたりの」と考えよう。

060 ■■■■■■

apprehend 多
[æprihénd]

動 逮捕する・懸念する

核心は「ひっかけてつかむ」で、物理的には「逮捕する」、心理的には「懸念する」（心に引っかかる感じ）

---

061 ■ ■ ■ ■ ■ ■

stake [stéɪk]

名 杭・賭け金

元々「杭」→「賭けの賞金を杭にぶらさげた」
→「賭け金」／at stake「賭けをしている状
態」→「危険な」という熟語。

---

062 ■ ■ ■ ■ ■ ■

rein [réɪn]

名 支配

元々「手綱」→「手綱は馬をコントロール・
支配するもの」→「支配」／こういう比喩的
な表現は長文読解でとても大切。

---

063 ■ ■ ■ ■ ■ ■

snob [snáːb]

名 俗物・偉そうな人

sn は鼻をすすったときの音（日本語では
「ズッ・クンクン」など）／「社会的地位・財産・
学歴などを鼻にかける人」→「俗物・偉そう
な人」

---

064 ■ ■ ■ ■ ■ ■

margin [máːrdʒɪn]

名 余白・利益

「マージンをとる」のように「利益」の意味
で使われるが、本来「余白」→「余地」→「定
価から制作費を除いて残った余白」→「利
益」／by a wide margin「大差で」も重要。

---

065 ■ ■ ■ ■ ■ ■

paradoxically
[perədáːksɪkli]

paradox 名 逆説・矛盾

副 逆説的に（言えば）

「逆説（paradox）」は「一見矛盾しているよ
うに見えるが真実を表すこと」（「急がば回れ」
など）／長文問題で出てくると、その後に大
事な内容がくることが多い。

🔊 **TRACK7** [061-070]

066 ■■■■■■

undo [ʌndúː]

動 元に戻す・取り消す

「do の反対 (un)」／ click the undo button 「取り消しボタンを押す」（これは undo が形容詞的に使われている）

067 ■■■■■■

seemingly [síːmɪŋli]

副 見たところ

「見た目から～のよう (seem) な感じ」→「見たところ・どうやら～そうだ」

seeming 形 見せかけの

068 ■■■■■■

entitle [ɪntáɪtl]

動 資格を与える

entitle 人 to ～ の受動態 be entitled to ～「～する資格を与えられている」→「～する資格がある」が重要。

069 ■■■■■■

faithful [féɪθfl]

形 忠実な

「信頼 (faith) でいっぱいの (full)」→「忠実な・誠実な」／ be faithful to ～「～に忠実な」が重要。

faith 名 信頼・信仰
faithfully 副 忠実に

070 ■■■■■■

appraisal [əpréɪzl]

名 評価・査定

「値段 (praise=price) をつける」→「評価・査定」

appraise 動 評価する・査定する

071 ■ ■ ■ ■ ■ ■

deduct [dɪdʌ́kt]

deduction 名 差引き・控除

動 差し引く

「分離して (de) 導く (duct)」→「差し引く」
(duct は conduct「導く・案内する」で使われている)

072 ■ ■ ■ ■ ■ ■

exquisite [ɪkskwízət]

形 素晴らしい

「強く探し求められた (quisite=quest「求める」)」→「素晴らしい・優雅な・とても美しい」という優美なイメージ。

073 ■ ■ ■ ■ ■ ■

waive [wéɪv]

動 放棄する

demand「要求する」の反対で、「当然の権利があるものを要求しない」→「放棄する」という意味／waive one's right「権利を放棄する」

074 ■ ■ ■ ■ ■ ■

fertilizer [fə́:rtəlàɪzər]

fertilize 動 肥沃にする

名 肥料

「肥沃に (fertile) するもの」→「肥料」

075 ■ ■ ■ ■ ■ ■

impending
[ɪmpéndɪŋ]

pending 形 保留の

形 差し迫った

「保留状態 (pending) になんかできない (否定の in が im になった)」→「差し迫った」と考えよう。

🔊 **TRACK8** [071-080]

076 ■■■■■■

imperative
[ɪmpérətɪv]

形 避けられない・とても重要な

いわゆる「命令文」は the imperative mood で（厳密には「命令法」と訳す）、「そうすることが避けられないから命令するよ」というイメージ。

077 ■■■■■■

misleading
[mɪslíːdɪŋ]

mislead 動 誤った方向に導く

形 人を誤った方向に導く

「誤って（mis）導く（lead）ような」→「人を誤った方向に導く」／このご時世、ネットでは「ミスリーディングな話」がよくある。

078 ■■■■■■

specify [spésəfàɪ]

specific 形 具体的な

動 具体的に述べる・指定する

「具体的に（specific）する（ify）」→「具体的に述べる・特定する・指定する」／「ハッキリ言うイメージ」／specify the size「サイズを指定する」

079 ■■■■■■

irresponsible
[ìrɪspáːnsəbl]

形 無責任な

「何かの出来事に反応・レスポンス（response）されることができ（ible）ない（ir=否定の in）」→「無責任な」

080 ■■■■■■

ally [əláɪ/ǽlaɪ]

名 同盟国 動 同盟する

結局は「新井君は同盟国」というのが一番覚えやすい／the Allies「（第二次世界大戦の）連合国」／「アライ（LGBTQ+ の支援者）」もこれが語源。

43

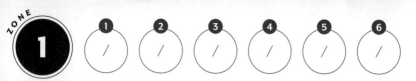

081

alliance [əláɪəns]

名 同盟

ビジネスで「アライアンス」は「業務提携」のこと／the alliances during World War II「第二次世界大戦における同盟」

082

ruling [rúːlɪŋ]

名 判決
形 支配している・有力な

rule 動 支配する・裁定する

動詞 rule「支配する」→「(裁判官がその場を支配して) 裁定する・判決を下す」の名詞形／慶應大の「ネットに関する裁判」で出た。

083

disarm [dɪsáːrm]

動 武装解除する

「武器 (arm) をなくす (dis)」→「武器を取り上げる」→「武装解除する」／護身術で相手の凶器を取り上げる動作を「ディサーム」と言っていた (僕は護身術を習っていた)。

084

oust [áust]

動 追い出す

「外に (out) 立つ (st=stand)」→「ある場所から追い出す」と考えよう。

085

truce [trúːs]

名 休戦 動 休戦する

true「真実の・忠実な」と関連があるので、「もう戦争はやめようという気持ちに忠実に (true) なる」と考えよう。

44

086

veto [ví:tou]

名 拒否権

僕個人は、この発音がなんか「ダメ出しのブザーのような音」だとイメージしている／use the veto「拒否権を行使する」

087

civilian [sɪvíljən]

名 民間人 形 民間の

警官・軍人などに対して「一般市民」のこと／Over 12,000 civilians were killed during the war.「戦争で12,000人以上の民間人が犠牲になった」

088

martial [má:rʃəl]

形 軍隊の

martial arts「格闘技（柔道・空手など）」はオリンピック・日本紹介・趣味の話で使われる（artは「芸術」→「技術」）。

089

resolution [rèzəlú:ʃən]

名 決意・解決

resolve 動 決心する・解決する

「モヤモヤしていたものにケリがついた」イメージ／心が固まれば「決意」、トラブルが固まって落ち着けば「解決」

090

subversion [səbvə́:rʒən]

名 転覆

「船を下に (sub) 向ける (verse) こと」→「転覆させること」／「政府の転覆」という意味でよく使われる。

091 ■■■■■■

corruption [kərʌ́pʃən]

corrupt 形 堕落した

名 堕落・汚職

「堕落した (corrupt) こと」→「堕落」→「仕事上の堕落」→「汚職・不正」

092 ■■■■■■

dissident [dísɪdənt]

名 反対者

「意見が違った (different) 人」→「意見を異にする人・反対者・反体制派」／ニュースでは欠かせない単語。

093 ■■■■■■

genocide [dʒénəsàɪd]

名 大量虐殺

suicide「自殺」と合わせてチェック／the genocide in Rwanda「ルワンダ虐殺」／日本語でもそのまま「ジェノサイド」と使われることも。

094 ■■■■■■

render [réndər]

動 (ある状態に) する・与える

render OC「O を C にする」／if evolution has rendered alcohol so good for us「もし進化がアルコールを体に良いものにしたのなら」は東京医科歯科大で出た。

095 ■■■■■■

abbreviate
[əbríːvièɪt]

abbreviation 名 省略・短縮

動 短縮する

下着の「ブリーフ」は本来「短いもの」で、abbreviate は「短く (brief) する」→「短縮・省略・要約する」

096 ■■■■■■

abduct [æbdʌ́kt]

abduction 名 誘拐

動 誘拐する

「離れたところへ (ab) 導く (duct)」→「誘拐する」

097 ■■■■■■

plead [plí:d]

動 懇願する

「pleaseと連呼してお願いする」イメージ／発展だが、「(懇願して、その結果) 認める」もあり、plead guilty「罪を認める」のように使われる。

098 ■■■■■■

nuisance [n(j)ú:səns]

名 迷惑

「なんかめんどくさい」イメージで、「迷惑な行為・人・物」すべてに使われる。

099 ■■■■■■

intact [ɪntǽkt]

形 無傷の・そのままの

「触られて (tact=touch) いない (in)」→「手をつけていない・無傷の・そのままの」／早稲田大では keep O intact「O をそのままにする」で出題。

100 ■■■■■■

adjourn [ədʒə́:rn]

動 延期する・一時休止する

journはフランス語由来で「1日」(journey「旅」は本来「移動に1日かかる長旅」)／adjournは「1日延期する」が本来の意味／「延期がダラダラ続く」→「一時休止する」と考えよう。

101 ■■■■■■

incessant [ɪnsésnt]

incessantly 副 絶え間なく

形 絶え間のない

「止まる (cess=cease) ことのない (否定の in) ような」→「絶え間のない・ひっきりなしの」

102 ■■■■■■

compound
動[kəmpáund] 形 名[kámpaund]

動 構成する・混ぜて作る
形 混合の 名 混合物

compound word「合成語 (2つの単語が1つになったもの)」は、butter+fly → butterfly などのこと。

103 ■■■■■■

net [nét]

形 正味の

本来「いろいろ差し引いてきちんとした (neat) もの」→「正味の」／net profit「純利益」／缶詰などの表記で NET ○○ g とある (液体分を除いた重さ)。

104 ■■■■■■

assault [əsɔ́:lt]

名 攻撃 動 攻撃する

「突然襲いかかってくる激しい攻撃」のイメージ／文字通りの「攻撃」以外に、「言葉での攻撃」→「非難」でも使われる。

105 ■■■■■■

autonomy [ɔ:tá:nəmi]

autonomous 形 自治の・独立した

名 自治

一応、nomy は「法・法治」だが、そんなことと言われても意味不明なので、「オート (自動) のみ」→「自分だけで」→「自治」と覚えてしまおう。

🔊 **TRACK11** [101-110]

106 ■■■■■■

marked [máːrkt]

mark 動 印をつける 名 印
markedly 副 際立って

形 目立った

「印・マーク(mark)をつけられた」→「目立った」／a marked difference「目立った違い」

107 ■■■■■■

bless [blés]

blessing 名 恩恵

動 祝福する

アメリカ大統領のスピーチでよく使われる／くしゃみをした相手に"Bless you!"と言う風習がある。

108 ■■■■■■

unconditionally
[ʌ̀nkəndíʃənəli]

unconditional 形 無条件の

副 無条件に

「条件 (condition) なしに (否定の un)」／love 囚 unconditionally「囚を無条件で (何の見返りも求めずに) 愛す」

109 ■■■■■■

coerce [kouə́ːrs]

coercion 名 強制

動 強要する

「威嚇・威圧して無理強いする」イメージ／coerce 囚 into -ing「強要して囚に〜させる」

110 ■■■■■■

foreseeable
[fɔːrsíːəbl]

foresee 動 予測する

形 予測できる

「前もって (fore) 見 (see) られることができる (able)」→「予測できる」／応用で the foreseeable future「予測できる未来」→「そう遠くない未来」

111

commence [kəméns]

commencement 名 開始

動 開始する

start・begin と同じ意味だが、フランス語源で硬い単語（つづりも長くてカッコつけた感じ）／きちんとした会議などで使われる。

112

allegation [ӕləɡéiʃən]

名 主張・申し立て

「法律（lege=legal「法律の」）面で主張する・申し立てをすること」／犯罪のニュースでよく出てくる。

113

concede [kənsíːd]

動 譲歩する

「相手と一緒に（con）進む（cede）」→「譲歩する」／「本当はもっと早く歩きたいのに、相手に合わせて進む」イメージ。

114

concession [kənséʃən]

名 譲歩

make a concession to 人「人に譲歩する」

115

plausible [plɔ́ːzəbl]

plausibly 副 もっともらしく

形 もっともらしい

「うん、なんか、まあそう言われるとそうだよな」というイメージ／a plausible excuse「もっともらしい言い訳」

🔊 **TRACK12** [111-120]

116 ⬛⬛⬛⬛⬛⬛

intense [inténs]

形 強烈な

「グッと力を入れて熱が込もった」イメージ／intense heat「酷暑」

117 ⬛⬛⬛⬛⬛⬛

plunge [plʌ́ndʒ]

動 飛び込む

本来「おもりを水に投げ込む」／plunge into the ocean「海に飛び込む」

118 ⬛⬛⬛⬛⬛⬛

inclusion
[ɪnklúːʒən]

名 含むこと・インクルージョン
（多種多様な人を受け入れること）

inclusive **形** 含んだ・インクルーシブな（多種多様な人を受け入れる）

diversity and inclusion in the workplace は diversity とセットにして「職場で多種多様な人を受け入れること」と訳せる。

119 ⬛⬛⬛⬛⬛⬛

dazzle [dǽzl]

動 目をくらませる

dazzling **形** 目もくらむほど（素晴らしい）

「強烈な光がキラキラと差し込む」イメージ／文字通り「目をくらませる」以外に、「素晴らしいことで目がくらむ」にも使われる。

120 ⬛⬛⬛⬛⬛⬛

reconcile [rékənsàɪl]

動 和解させる

reconciliation **名** 和解

高校時代、先生が「"リコン（離婚）される"が和解させる」というプライベートを切り売りした捨て身のゴロ合わせを使ったので覚えないといけない使命感を持てた。

51

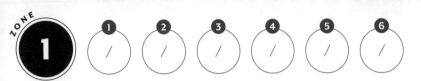

121 ■■■■■■

defy [dɪfáɪ]

動 無視する・反抗する

「信念 (fy=faith) を否定する (de)」→「無視する・反抗する・受け入れない」という大人のイヤイヤ期みたいなイメージ。

122 ■■■■■■

muddle [mʌ́dl]

動 混ぜる・ごちゃごちゃにする

「マドラー (muddler)」は「飲み物を混ぜる棒」/本来「泥 (mud) で汚してごちゃごちゃに混ぜる」/muddle の音が「混ぜる」に似ているのは偶然。

123 ■■■■■■

philanthropy
[fɪlǽnθrəpi]

名 慈善活動

phil は「愛」(philosophy「知 (soph) を愛する (philo)」→「哲学」)/ビル・ゲイツなど億万長者が慈善活動をすることでニュースによく出てくる。

124 ■■■■■■

wholesome
[hóulsəm]

形 健全な

「体力が完全 (whole) な状態 (some)」→「健全な」/「身体的に健全な」→「健康的な」と「精神衛生上健全な」→「怪しくない」の両方の意味で使える。

125 ■■■■■■

drag [drǽg]

動 引きずる・長引かせる

「マウスをドラッグする」は「指定した箇所を引きずる」動作/drag on「ダラダラ長引く」とよく使われる (on は「進行中」を表す)。

🔊 **TRACK13** [121-130]

126 ▪▪▪▪▪▪

drain [dréin]

動 排出する

「液体を抜き出して dry にする」イメージ／
このイメージの応用で「グラスを空にする・
使い果たす」などの意味も理解できる。

127 ▪▪▪▪▪▪

eclipse [iklíps]

名 (日食・月食で) 欠けること

a solar eclipse「日食」で覚えるのがオスス
メ。

128 ▪▪▪▪▪▪

sheer [ʃíər]

形 純然たる・まったくの

「混ぜ物がない、純然な、純度100%」のイ
メージ／sheer luck「まったくの幸運・ただ
のまぐれ」

129 ▪▪▪▪▪▪

mortal [mɔ́:rtl]

immortal 形 不死身の

形 死ぬ運命の

mort は「死」を表す (ハリーポッターの「ヴォ
ルデモート (Voldemort)」で使われている)／
名詞形も mortality rate「死亡率」とよく使
われる。

130 ▪▪▪▪▪▪

eradicate [irǽdəkèit]

動 根絶する

「外へ (e-) 根っこ (radic) を動かす」→「根
こそぎ取り除く」／eradicate a virus「ウイ
ルスを根絶する」

131

peasant [péznt]

名 農民

「農民」は farmer が有名だが、peasant は「貧しい農民」に使われることが多い（a peasant=a poor farmer と考えれば OK）。

132

exacerbate
[ɪgzǽsərbèɪt]

exacerbation 名 悪化

動 悪化させる

「火に油を注いで、さらに悪化させる」イメージ／重要単語なのに、なぜか受験界ではスルーされがち。

133

hectic [héktɪk]

形 すごく忙しい

「やることがたくさんありすぎて、忙しく、慌ただしく、せわしない」イメージ／a hectic schedule「すごく忙しいスケジュール」

134

reputable [répjətəbl]

reputation 名 評判

形 評判が良い

「安心できる・信頼できる」というニュアンスがある／reputable company「評判が良い企業」

135

explicit [ɪksplísɪt]

implicit 形 暗黙の・潜在的な

形 明白な

本来「外に（ex）どんどん広げていく」で、いろいろと明らかになっていくイメージ。

🔊 **TRACK14** [131-140]

136 ⬛⬛⬛⬛⬛⬜

prohibitively
[prouhíbətıvli]

副 ひどく

本来「行動を妨げる (prohibit) ほど・手に負えないほど」だが、単に強調で「ひどく」と考えて OK ／ prohibitively expensive「ひどく高い」

137 ⬛⬛⬛⬛⬛⬜

external [ııkstə́:rnl]

形 外部の・外国の

internal「内部の・国内の」とセットで覚えよう。

138 ⬛⬛⬛⬛⬛⬜

faint [féint]

形 かすかな 動 気絶する

「気絶する前後に、音・色などがかすかに残る」ようなイメージ／ a faint sound「かすかな音」

139 ⬛⬛⬛⬛⬛⬜

fierce [fíərs]

形 激しい

本来「野生の」→「獰猛な・荒々しい」→「激しい」

140 ⬛⬛⬛⬛⬛⬜

cohesion [kouhí:ʒən]

cohesive **形 結束した**

名 結合

「結合・結束・団結」などの訳語があるが、どれも「バチッとピッタリくっついた」イメージ。

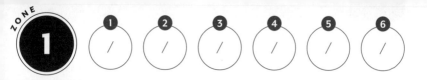

141 ■ ■ ■ ■ ■ ■

glow [glóu]

名 輝き・白熱　動 (燃えて)輝く

「夕日が輝いている」イメージ／gl は「キラッ
と光る」感じ (glass「ガラス」や glory「栄光」)。

142 ■ ■ ■ ■ ■ ■

halt [hɔ́ːlt]

名 停止　動 停止する

stop を硬くした単語 (実際、中央大で stop に
書き換える問題が出題)／come to a halt「停
止する」

143 ■ ■ ■ ■ ■ ■

preside [prızáıd]

president 名 社長

動 司会する・管理する

「前に (pre) 座る (side)」→「司会する・議
長を務める・管理する」だが、president「社
長」の動詞形と覚えるのもラクかと。

144 ■ ■ ■ ■ ■ ■

expat (expatriate)
[èkspǽt/ekspéıtriət]

名 国外移住者

「国の (patriate) 外に (ex)」→「国外にいる
人」のこと／外資系企業で「海外赴任する
人」を「エキスパット」と使うことがある。

145 ■ ■ ■ ■ ■ ■

inaugural [ınɔ́ːgjərəl]

inaugurate 動 就任する

形 就任の・最初の

動詞 inaugurate「就任する」から、
inaugural は「就任のときの」→「最初の」
／an inaugural address「就任演説」

🔊 **TRACK15** [141-150]

146 ■ ■ ■ ■ ■ ■

alignment [əláɪnmənt]

名 整列・調整

「一列・線 (lign=line) に並ぶこと」→「整列」
→「きちんと整えること」→「調整」

147 ■ ■ ■ ■ ■ ■

incur [ɪnkə́:r]

動 こうむる

意味が取りづらい単語だが、訳しにくいときは「have と同じ意味」と考えれば解決することが多い／incur debts「借金を抱える」

148 ■ ■ ■ ■ ■ ■

secondary [sékəndèri]

形 二次的な・中等の

primary「主要な・最初の」の次 (二番目) にくるイメージ／secondary education「中等教育 (中学・高校)」

secondarily 副 二次的に

149 ■ ■ ■ ■ ■ ■

instill [ɪnstíl]

動 教え込む

「人の頭の中にじわーっと染み込ませていく」イメージ／instill ～ in 囚「囚に～を教え込む」

150 ■ ■ ■ ■ ■ ■

activate [ǽktəvèɪt]

動 有効にする

「act できる状態にする」→「活性化する」が本来の意味だが、日常では「クレジットカードや PC ソフトを有効にする (使える状態にする)」の意味が大事。

151

intelligible
[ɪntélɪdʒəbl]

unintelligible 形 理解できない

形 理解できる

反対の unintelligible「理解できない」は英語インタビューの文字起こしで、聞き取れない部分が [unintelligible] と書かれる。

152

intricate [íntrɪkət]

形 複雑な

「中に (in) トリック (tric) がしかけられた」→「複雑な」

153

malfunction
[mæ̀lfʌ́ŋkʃən]

名 不調 動 うまく機能しない

「悪い (mal) 機能 (function)」→「不調・うまく機能しない」／mechanical malfunction「機械の不具合」

154

avert [əvə́:rt]

動 そらす

「スルッと抜ける・方向転換する」イメージ／「方向をそらす」→「危険を回避する・防ぐ」／narrowly avert ～「～をかろうじて回避する」

155

mill [míl]

名 製粉所 動 製粉する

「コーヒーミル」は「コーヒー豆を挽くもの」／一般の「製造所」に使われることもあり、「富岡製糸場」の英訳は Tomioka Silk Mill

156

depletion [dɪplíːʃən]

deplete 動 減らす・枯渇させる

名 減少・枯渇

「complete（満たす）の反対（de）」くらいのイメージを持とう／depletion of the country's forests「国の森林がなくなること」は青山学院大で出題。

157

negligible [néglɪdʒəbl]

neglect 動 怠る
negligent 形 怠慢な・不注意な

形 無視できる・些細な

「スルーできる」イメージ／「違いなどをスルーできる」→「無視できるほど些細な」／insignificant「重要でない」に書き換える問題が青山学院大で出題。

158

apparatus
[æpərǽtəs]

名 器具一式

「何かをするために用意された（paratus =prepare）もの」→「装置・器具一式」で不可算名詞扱い。

159

accord [əkɔ́ːrd]

動 一致する・与える 名 一致

「中心（cord：core「核」と関連アリ）に向かう」→「一致する」／accord 人 物「人 に 物 を与える」

160

outcompete
[àutkəmpíːt]

動 打ち負かす

「〜に勝つ」と訳されがちだが、「〜に」を忘れてしまうと勝者がわからなくなるので、S outcompete O「S が O を打ち負かす」の形で覚えよう。

---

161 ■■■■■■

overhaul
動[òuvərhɔ́:l] 名[óuvərhɔ̀:l]

動 詳しく調べる　名 分解点検

「分解→点検→修理・整備する」イメージ／車や時計で「オーバーホール」といえば「分解して詳しく点検すること」

---

162 ■■■■■■

evade [ɪvéɪd]

evasion 名 回避

動 逃れる

invade「侵入する」の反対／evade taxes「税金を逃れる」→「脱税する」

---

163 ■■■■■■

peripheral
[pərífərəl]

形 周辺の・あまり重要でない

peripheral nervous system「末梢神経系」

---

164 ■■■■■■

perpetual [pərpétʃuəl]

perpetuity 名 永続性
perpetually 副 ひっきりなしに

形 永久の・ひっきりなしの

「永久に」(permanentと同じ) の意味と「もうなんか永久に続くんじゃないのってくらい頻繁・ひっきりなしの」という意味もある。

---

165 ■■■■■■

deteriorate
[dɪtíəriərèɪt]

deterioration 名 悪化

動 悪化する・悪化させる

「どんどん悪化が進む」イメージ／ニュースなどで多用されるわりに受験生にはあまり知られていない (入試でも超重要)。

🔊 **TRACK17** [161-170]

166 ■■■■■■

conspicuous
[kənspíkjuəs]

conspicuously 副目立って

形 目立つ

「よく (com) 見える (spicu=spect)」→「目立つ」

167 ■■■■■■

acclaimed [əkléɪmd]

acclaim 動 賞賛する

形 高く評価された

動詞 acclaim は「大声をあげて主張する (claim)」→「称賛する」で、acclaimed は「称賛された・高く評価された」

168 ■■■■■■

plight [pláɪt]

名 苦境

「惨めな状態」のイメージ／訳語は「苦境」でも「窮地」でも OK だが、「窮地」で覚えて漢字が書けないなんてことがないように。

169 ■■■■■■

crystal clear
[krístl klíər]

形 非常に明白な

as clear as crystal「水晶のように澄んだ」→「とても明白な」という表現もある (clear と crystal の語頭が「ク」の音で韻を踏む)。

170 ■■■■■■

portion [pɔ́ːrʃən]

名 一部・割り当て
動 分配する

「全体の一部」というイメージ (port は part「部分」と考えよう)／divide the stew into equal portions「シチューを均等に分ける」

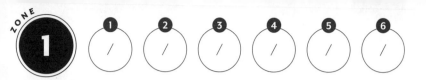

---

171 ■■■■■■

posterity [pɑ:stérəti]

名 後世の人々・子孫

よく「子孫」とだけ訳されるが、難関大の入試では「後世の人々」という訳語のほうがしっくりくることが多い。

---

172 ■■■■■■

preach [prí:ʧ]

preacher 名 説教者・牧師

動 説く

本来「牧師が説教する」という意味/「説教する」→「説く・くどくど言う」などの意味に広がる。

---

173 ■■■■■■

preoccupation
[prɪ:à:kjəpéɪʃən]

preoccupy 動 夢中にさせる

名 没頭・先入観

「何よりも優先して前に (pre) 心を占める (occupy) こと」→「夢中・没頭」/pre「前に」が強調されると「先入観」になる/動詞は be preoccupied with ~「~に夢中だ」の形が重要。

---

174 ■■■■■■

harness [hɑ́:rnəs]

動 利用する

本来「馬具」(馬術で「ハーネス」と使われる)→「馬具をつけて馬を利用する」から幅広く使われるようになった。

---

175 ■■■■■■

proclaim [proukléɪm]

動 宣言する・証明する

本当は「公に (pro) 叫ぶ (claim)」だが、「プロが叫ぶ」→「宣言する」くらいに考えてもOK

🔊 **TRACK18** [171-180]

176　■■■■■■

exponentially
[èkspounénʃəli]

副 急激に

元々は数学用語で「指数関数的に」→「(指数関数のグラフのように) 右肩上がりで急激に上がるように」／increase exponentially「急激に増える」

177　■■■■■■

verse [və́:rs]

名 韻文・詩

英語にも「詩」はある (英文科に行くと出てくる)／verse は「堅苦しい」印象で、「型にはまった形式の文」くらいのイメージ／似たつづりの vice versa「逆もまたしかり」と混同しないように。

178　■■■■■■

prose [próuz]

名 散文・退屈な話

verse「韻文・詩」、poetry「詩」とセットでチェック／written in prose「散文で書かれた」

179　■■■■■■

salvation [sælvéiʃən]

名 救済

「罪を背負った人を神が救済する」イメージ／salvage「海難救助・(沈没船の) 引き揚げ」は日本語でも「サルベージ」と使われている。

180　■■■■■■

decadence
[dékədəns]

名 堕落

decadent 形 退廃的な

芸術の世界で「デカダンス」と言えば「退廃的な美しさを求めること (19 世紀にフランスで起きた)」

---

181 ■■■■■■

relinquish [rɪlíŋkwɪʃ]

動 放棄する

「握っていたものを手放す」イメージで、本来は「ロープを離す」のような意味だが、「仕事や権利を手放す」にも使われる。

---

182 ■■■■■■

inflation [ɪnfléɪʃən]

名 インフレ

本来「膨らむこと」→「通貨膨張（インフレーション）」／余談だが、「話を膨らませること」→「誇張」もある（「盛ってる」感じ）。

---

183 ■■■■■■

retreat [rɪtríːt]

名 退却・保養所 動 引っ込む

格闘技で「リトリート」は「後ろに下がること」／「会社から退却して離れた場所で過ごす」→「保養所・研修旅行」

---

184 ■■■■■■

retrospect [rétrəspèkt]

名 回想 動 回顧する

「昔に戻って・レトロ（retro）を見る（spect）」→「回顧・回想」／in retrospect「振り返ってみると」は立命館大で出た。

---

185 ■■■■■■

rotten [ráːtn]

形 腐った・堕落した

「腐りきって悪臭を放つ」イメージ／a rotten egg「腐った卵」

rot 名 腐敗 動 腐る・腐敗する

TRACK19 [181-190]

186

detain [dɪtéɪn]

動 引き留める

「離れた状態 (de) に保つ (tain)」／be detained「引き留められる」→「足止めを食らう・身動きが取れない・拘留される」

187

provisionally [prəvíʒənli]

provisional 形 暫定的な

副 暫定的に

「一時的に供給 (provide) された」→「暫定的な」／長文で provisionally が出てきたら「あくまで暫定なので後で変わる可能性大」という展開を意識しておこう。

188

whereabouts [wéərəbàuts]

名 居場所 副 どのあたりに

本来「どこ (where) のあたりに (about)」で、副詞をつくる s がついて (always も副詞の s) さらにそれが名詞に転用。

189

scam [skǽm]

名 詐欺

仮想通貨 (暗号資産) での詐欺に「スキャム」と使われている／特に「ダマしてお金をとる詐欺」の印象が強い単語。

190

informative [ɪnfɔ́:rmətɪv]

形 有益な

「情報 (information) を与えるような・有益な」／an informative presentation「有益なプレゼンテーション」

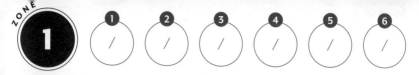

191 ■■■■■■

emancipate
[ɪmǽnsəpèɪt]

emancipation 名 解放

動 解放する

「解放して自由にする」イメージ／名詞を使ったのが、the Emancipation Proclamation「(南北戦争中にリンカーンが行った) 奴隷解放宣言」

192 ■■■■■■

singular [síŋɡjələr]

形 単数の・並外れた・奇妙な
名 単数 (形)

single「1つの」→「単数の」→「1つしかないくらい非凡で並外れた」→「1つしかないほど奇妙な」

193 ■■■■■■

await [əwéɪt]

動 待つ

wait for ~ と意味は同じ／await は直後に目的語がくる (await O)／await your reply「あなたの返事を待つ」

194 ■■■■■■

sovereign [sá:vərən]

名 君主

「上から (sover=super) 君臨する (reign) 人」／The king reigns, but does not govern.「国王は君臨すれども統治せず」という立憲君主政治の原則を世界史で習うかも。

195 ■■■■■■

rear [ríər]

動 育てる 名 後ろ

「リヤカー (rear car)」は「自転車の後ろに取り付ける車」／「後ろから支えて育てる」か、この際「リヤカーで子どもを育てる」と覚えよう。

🔊 **TRACK20** [191-200]

196 ⬛⬛⬛⬛⬛⬛

subliminal
[sʌblímənl]

形 無意識の

「サブリミナル効果」は「無意識に訴えることで表れる効果」/「意識の下で (sub)」→「無意識の」

197 ⬛⬛⬛⬛⬛⬛

gimmick [gímɪk]

名 しかけ・工夫

本来「(手品で使われる) 巧妙なしかけ」→「(人目を引くための) 工夫・しかけ・ちょっとした戦略」

198 ⬛⬛⬛⬛⬛⬛

surreal [sərí:əl]

形 非現実的な

フランス語「シュールレアリスム (surréalisme)」の形容詞で、「超現実的な」と訳されることが多いが、「超」を「すごく」と誤解しそうな人は「非」で覚えよう。

199 ⬛⬛⬛⬛⬛⬛

perk [pə́:rk]

名 手当・特典

本来 perquisite という単語で、短く perk と言うことが多い(複数形 perks で使うのが普通)/通常の給料以外の「手当・特典」を表す。

200 ⬛⬛⬛⬛⬛⬛

takeaway
[téɪkəwèɪ]

名 覚えておくべきポイント・教訓

本来は「(お店の) 持ち帰り」→「持ち帰るべき重要ポイント」/多くの辞書には載っていない意味だが、ビジネス英語ではもはや常識。

67

次の(1)〜(5)の単語の意味を、① 〜 ⑤ から選びなさい。

1

(1) **concede** 　(2) **faithful** 　(3) **ubiquitous** 　(4) **rear**
(5) **autism**

① あちこちで見かける　② 自閉症　③ 譲歩する　④ 育てる／後ろ　⑤ 忠実な

A　(1) ③　(2) ⑤　(3) ①　(4) ④　(5) ②

2

(1) **accord** 　(2) **fierce** 　(3) **summon** 　(4) **takeaway**
(5) **eclipse**

① (日食・月食で) 欠けること　② 一致する・与える／一致
③ 覚えておくべきポイント・教訓　④ 激しい　⑤ 呼び出す

A　(1) ②　(2) ④　(3) ⑤　(4) ③　(5) ①

3

(1) **disguise** 　(2) **plight** 　(3) **reconcile** 　(4) **subtract**
(5) **perpetual**

① 永久の・ひっきりなしの　② 苦境　③ 引く　④ 変装させる・隠す　⑤ 和解させる

A　(1) ④　(2) ②　(3) ⑤　(4) ③　(5) ①

4

(1) **peasant** 　(2) **harness** 　(3) **intricate** 　(4) **halt**
(5) **unconditionally**

① 複雑な　② 無条件に　③ 農民　④ 停止／停止する　⑤ 利用する

A　(1) ③　(2) ⑤　(3) ①　(4) ④　(5) ②

5

(1) **census** 　(2) **apprehend** 　(3) **inflict** 　(4) **incur**
(5) **surreal**

① (苦痛を) 与える　② こうむる　③ (国勢) 調査　④ 逮捕する・懸念する
⑤ 非現実的な

A　(1) ③　(2) ④　(3) ①　(4) ②　(5) ⑤

6 (1) **disarm** (2) **instill** (3) **marked** (4) **impending**
(5) **epoch**

① 時代・画期的な出来事 ② 武装解除する ③ 差し迫った ④ 目立った ⑤ 教え込む

A (1) ② (2) ⑤ (3) ④ (4) ③ (5) ①

7 (1) **commonplace** (2) **external** (3) **decadence**
(4) **outcompete** (5) **disseminate**

① 打ち負かす ② 広める ③ ありきたりの ④ 堕落 ⑤ 外部の・外国の

A (1) ③ (2) ⑤ (3) ④ (4) ① (5) ②

8 (1) **preoccupation** (2) **margin** (3) **haunt**
(4) **publicity** (5) **exponentially**

① よく行く・幽霊が出る ② 知名度・評判・広告 ③ 余白・利益 ④ 急激に
⑤ 没頭・先入観

A (1) ⑤ (2) ③ (3) ① (4) ② (5) ④

9 (1) **radius** (2) **figuratively** (3) **assault**
(4) **wholesome** (5) **correlation**

① 半径 ② 比喩的に ③ 相関関係 ④ 攻撃／攻撃する ⑤ 健全な

A (1) ① (2) ② (3) ④ (4) ⑤ (5) ③

10 (1) **retreat** (2) **embark** (3) **inclusion** (4) **ruling**
(5) **civilian**

① 判決／支配している・有力な ② 乗り出す ③ 退却・保養所／引っ込む
④ 民間人／民間の ⑤ 含むこと・インクルージョン

A (1) ③ (2) ② (3) ⑤ (4) ① (5) ④

次の (1) ～ (5) の単語の意味を、① ～ ⑤ から選びなさい。

11
(1) **foreseeable** (2) **deed** (3) **compound**
(4) **whistle-blowing** (5) **alignment**

① 整列・調整 ② 内部告発 ③ 行い ④ 予測できる
⑤ 構成する・混ぜて作る／混合の／混合物

A (1) ④ (2) ③ (3) ⑤ (4) ② (5) ①

12
(1) **pros and cons** (2) **mortal** (3) **explicit** (4) **intrude**
(5) **cognitive**

① 明白な ② 侵入する ③ 長所と短所・賛否両論 ④ 死ぬ運命の ⑤ 認識の・認知の

A (1) ③ (2) ④ (3) ① (4) ② (5) ⑤

13
(1) **reputable** (2) **burdensome** (3) **defy** (4) **persona**
(5) **oust**

① 追い出す ② 重荷となる ③ 評判が良い ④ ペルソナ (社会的人格)
⑤ 無視する・反抗する

A (1) ③ (2) ② (3) ⑤ (4) ④ (5) ①

14
(1) **pierce** (2) **whatsoever** (3) **stake** (4) **portion**
(5) **bless**

① 一部・割り当て／分配する ② 祝福する ③ 杭・賭け金 ④ 突き刺す
⑤ まったく（～ない）

A (1) ④ (2) ⑤ (3) ③ (4) ① (5) ②

15
(1) **alliance** (2) **irrelevant** (3) **deteriorate** (4) **saying**
(5) **intelligible**

① 悪化する・悪化させる ② ことわざ ③ 理解できる ④ 同盟 ⑤ 無関係の

A (1) ④ (2) ⑤ (3) ① (4) ② (5) ③

16
(1) **corruption**   (2) **sovereign**   (3) **preside**
(4) **whereabouts**   (5) **martial**

① 軍隊の   ② 君主   ③ 堕落・汚職   ④ 司会する・管理する   ⑤ 居場所／どのあたりに

A   (1) ③   (2) ②   (3) ④   (4) ⑤   (5) ①

17
(1) **entitle**   (2) **solicit**   (3) **subversion**   (4) **reinforce**
(5) **distinguished**

① 資格を与える   ② 補強する   ③ 際立った   ④ 転覆   ⑤ 求める

A   (1) ①   (2) ⑤   (3) ④   (4) ②   (5) ③

18
(1) **depletion**   (2) **savage**   (3) **faint**   (4) **paradoxically**
(5) **acclaimed**

① 高く評価された   ② かすかな／気絶する   ③ 逆説的に（言えば）   ④ 減少・枯渇
⑤ 獰猛な／残酷な人

A   (1) ④   (2) ⑤   (3) ②   (4) ③   (5) ①

19
(1) **concession**   (2) **apparatus**   (3) **appraisal**
(4) **compromise**   (5) **multitude**

① 器具一式   ② 譲歩   ③ 妥協する   ④ 多数   ⑤ 評価・査定

A   (1) ②   (2) ①   (3) ⑤   (4) ③   (5) ④

20
(1) **net**   (2) **melancholy**   (3) **lingering**   (4) **posterity**
(5) **incessant**

① 後世の人々・子孫   ② 憂うつ   ③ 長引く   ④ 絶え間のない   ⑤ 正味の

A   (1) ⑤   (2) ②   (3) ③   (4) ①   (5) ④

次の(1)〜(5)の単語の意味を、① 〜⑤ から選びなさい。

21
(1) **malnourished**　(2) **discretion**　(3) **plausible**
(4) **abduct**　(5) **adjourn**

① 延期する・一時休止する　② 判断　③ 栄養失調の　④ 誘拐する　⑤ もっともらしい

A　(1) ③　(2) ②　(3) ⑤　(4) ④　(5) ①

22
(1) **secondary**　(2) **technically**　(3) **autonomy**
(4) **aesthetic**　(5) **prevail**

① 自治　② 厳密に言えば　③ 二次的な・中等の　④ 普及している・打ち勝つ
⑤ 美的な・美に関する

A　(1) ③　(2) ②　(3) ①　(4) ⑤　(5) ④

23
(1) **impede**　(2) **truce**　(3) **seemingly**　(4) **perk**
(5) **crystal clear**

① 手当・特典　② 休戦／休戦する　③ 邪魔する　④ 非常に明白な　⑤ 見たところ

A　(1) ③　(2) ②　(3) ⑤　(4) ①　(5) ④

24
(1) **bullish**　(2) **undo**　(3) **avert**　(4) **surmount**
(5) **coerce**

① (経済で)上げ相場の　② 打ち勝つ　③ 元に戻す・取り消す　④ 強要する　⑤ そらす

A　(1) ①　(2) ③　(3) ⑤　(4) ②　(5) ④

25
(1) **commence**　(2) **resolution**　(3) **intense**　(4) **prose**
(5) **diameter**

① 強烈な　② 開始する　③ 直径　④ 散文・退屈な話　⑤ 決意・解決

A　(1) ②　(2) ⑤　(3) ①　(4) ④　(5) ③

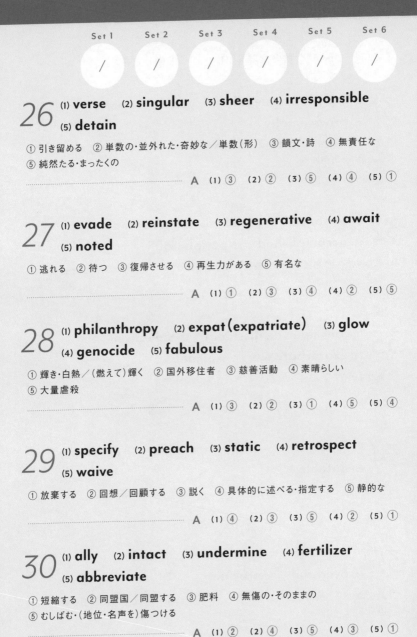

26
(1) **verse**　(2) **singular**　(3) **sheer**　(4) **irresponsible**
(5) **detain**

① 引き留める　② 単数の・並外れた・奇妙な／単数（形）　③ 韻文・詩　④ 無責任な
⑤ 純然たる・まったくの

A　(1) ③　(2) ②　(3) ⑤　(4) ④　(5) ①

27
(1) **evade**　(2) **reinstate**　(3) **regenerative**　(4) **await**
(5) **noted**

① 逃れる　② 待つ　③ 復帰させる　④ 再生力がある　⑤ 有名な

A　(1) ①　(2) ③　(3) ④　(4) ②　(5) ⑤

28
(1) **philanthropy**　(2) **expat（expatriate）**　(3) **glow**
(4) **genocide**　(5) **fabulous**

① 輝き・白熱／（燃えて）輝く　② 国外移住者　③ 慈善活動　④ 素晴らしい
⑤ 大量虐殺

A　(1) ③　(2) ②　(3) ①　(4) ⑤　(5) ④

29
(1) **specify**　(2) **preach**　(3) **static**　(4) **retrospect**
(5) **waive**

① 放棄する　② 回想／回顧する　③ 説く　④ 具体的に述べる・指定する　⑤ 静的な

A　(1) ④　(2) ③　(3) ⑤　(4) ②　(5) ①

30
(1) **ally**　(2) **intact**　(3) **undermine**　(4) **fertilizer**
(5) **abbreviate**

① 短縮する　② 同盟国／同盟する　③ 肥料　④ 無傷の・そのままの
⑤ むしばむ・（地位・名声を）傷つける

A　(1) ②　(2) ④　(3) ⑤　(4) ③　(5) ①

次の (1) ～ (5) の単語の意味を、① ～ ⑤ から選びなさい。

31
(1) **drag**　(2) **misleading**　(3) **snob**　(4) **rotten**
(5) **provisionally**

① 腐った・堕落した　② 暫定的に　③ 俗物・偉そうな人　④ 引きずる・長引かせる
⑤ 人を誤った方向に導く

A　(1) ④　(2) ⑤　(3) ③　(4) ①　(5) ②

32
(1) **nuisance**　(2) **plead**　(3) **malnutrition**
(4) **accomplished**　(5) **peripheral**

① 栄養失調　② 懇願する　③ 周辺の・あまり重要でない　④ 熟練した　⑤ 迷惑

A　(1) ⑤　(2) ②　(3) ①　(4) ④　(5) ③

33
(1) **cohesion**　(2) **dissident**　(3) **salvation**
(4) **exacerbate**　(5) **conspicuous**

① 悪化させる　② 結合　③ 反対者　④ 目立つ　⑤ 救済

A　(1) ②　(2) ③　(3) ⑤　(4) ①　(5) ④

34
(1) **expertise**　(2) **drain**　(3) **exploit**　(4) **eradicate**
(5) **notable**

① 根絶する　② 専門知識　③ 注目すべき　④ 排出する　⑤ 利用する

A　(1) ②　(2) ④　(3) ⑤　(4) ①　(5) ③

35
(1) **exquisite**　(2) **informative**　(3) **deduct**
(4) **overhaul**　(5) **proclaim**

① 詳しく調べる／分解点検　② 差し引く　③ 素晴らしい　④ 宣言する・証明する
⑤ 有益な

A　(1) ③　(2) ⑤　(3) ②　(4) ①　(5) ④

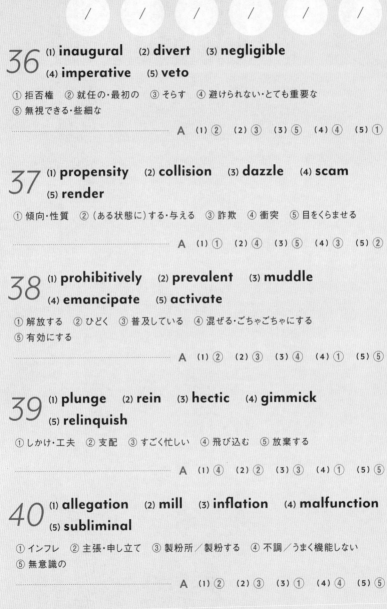

36 (1) inaugural (2) divert (3) negligible (4) imperative (5) veto

① 拒否権　② 就任の・最初の　③ そらす　④ 避けられない・とても重要な
⑤ 無視できる・些細な

A　(1)②　(2)③　(3)⑤　(4)④　(5)①

37 (1) propensity (2) collision (3) dazzle (4) scam (5) render

① 傾向・性質　② (ある状態に)する・与える　③ 詐欺　④ 衝突　⑤ 目をくらませる

A　(1)①　(2)④　(3)⑤　(4)③　(5)②

38 (1) prohibitively (2) prevalent (3) muddle (4) emancipate (5) activate

① 解放する　② ひどく　③ 普及している　④ 混ぜる・ごちゃごちゃにする
⑤ 有効にする

A　(1)②　(2)③　(3)④　(4)①　(5)⑤

39 (1) plunge (2) rein (3) hectic (4) gimmick (5) relinquish

① しかけ・工夫　② 支配　③ すごく忙しい　④ 飛び込む　⑤ 放棄する

A　(1)④　(2)②　(3)③　(4)①　(5)⑤

40 (1) allegation (2) mill (3) inflation (4) malfunction (5) subliminal

① インフレ　② 主張・申し立て　③ 製粉所／製粉する　④ 不調／うまく機能しない
⑤ 無意識の

A　(1)②　(2)③　(3)①　(4)④　(5)⑤

"未来"を見据えた単語帳

　従来の単語帳は「過去に出た単語」から選定していますが、本書は日常会話・英字新聞・ニュース・資格試験なども考慮の上、大学受験にあまり出ていなくても、そういった媒体で大事な単語は載せています。「これから」の入試で大事だからです。

　たとえばtechnicallyという単語（001番）ですが、僕は自分が書いた『英単語Stock4500』（文英堂）にも（派生語ではなく）見出し語として載せました。その単語帳は2018年末に発売でしたが、その時点でtechnicallyを見出しにした大学受験用の単語帳は僕が調べた限りありません（派生語扱いの本が1冊ありましたが、「厳密に言えば」の意味は載っていませんでした）。

　その約1年後の入試（2020年）で、早稲田2学部と慶應で的中したのですが、これは単に的中を自慢したいわけではなく（もちろん自慢はしたいですが）、「僕の感覚が今の入試、特に早慶のような超難関の入試傾向にピッタリ合っている」ことを証明できたと思っています。過去の出題頻度だけを見て単語を選定していたら、これは成し遂げられなかったことです。その方針と発想はもちろん本書にも詰め込んでいます。みなさんもぜひこの単語帳で「新しい入試に対応できる単語力」をつけていってください。

※ちなみに、It may become technically possible, but ～「それは厳密に言えば可能となるかもしれないが～」のように使われます。

ZONE

[単語201~400]

	DATE	NOTE
Set 1	/	
Set 2	/	
Set 3	/	
Set 4	/	
Set 5	/	
Set 6	/	

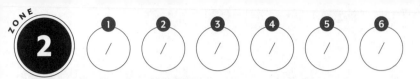

ZONE 2

201
anthem [ǽnθəm]

名 賛美歌

Please rise for the national anthem.「国歌斉唱のためご起立ください」

202
tangible
[tǽndʒəbl]

形 現実の・明白で確実な

「触れ（touch）られる（ible）ほど具体的な」というイメージ／concrete「具体的な」に書き換える問題が北里大で出題。

203
milestone [máilstòun]

名 画期的なもの

「目印として1マイル（mile）ごとに置いた石（stone）」→「目印」→「目印になるような画期的・重要なもの」と考えよう。

204
thrust [θrʌ́st]

動 ぐいっと押す

「突然乱暴に渡したり、ポケットに突っ込んだりする」イメージ／thrust the money into one's pocket「お金をポケットに突っ込む」

205
unrivaled [ʌnráivld]

rival 動 ライバル視する・匹敵する
名 ライバル

形 比べるものがない（ほど無敵の）

「ライバル（rival）にならない（un）」→「比べるものがない」／授業で「無双の」と訳すとニヤリとする男子生徒が微笑ましい。

78

206 ■ ■ ■ ■ ■ ■

discharge [dɪstʃáːrdʒ]

動 解放する **名** 解放

「荷物を詰め込む (charge) の反対 (dis)」／
「荷物を下ろす・発射する・解放する」など
の意味があるが、すべて「放出する」イメー
ジ。

207 ■ ■ ■ ■ ■ ■

velocity [vəláːsəti]

名 速度

物理の授業で使われるので知ってる人もい
るかも (speed と違い、「速さ」に加えて「方向」
も表す)。

208 ■ ■ ■ ■ ■ ■

eternity [ɪtáːrnəti]

eternal **形** 永遠の

名 永遠

「エタニティリング」は全周にダイヤがぐる
りと入っているのが「永遠」を思わせるため
(半周ダイヤならハーフエタニティ)。

209 ■ ■ ■ ■ ■ ■

coverage
[kʌ́vərɪdʒ]

cover **動** 覆う・保険をかける・
報道する

名 保険・補償・報道

「カバー (cover) をかけて守るもの」→「保
険・補償 (の適用範囲)」／「ある事件をマス
コミがカバー・扱う」→「報道」

210 ■ ■ ■ ■ ■ ■

allowance [əláuəns]

allow **動** 許す

名 手当・割当

「許可して (allow) 与えられるもの」→「手当」
にもなる。子どもにも使えて、「子どもへの
手当」→「おこづかい」

---

211 ☐☐☐☐☐☐

verification
[vèrəfɪkéɪʃən]

verify 動 確かめる

名 確認・証明

「真実（veri=very）か確かめること」→「確認・証明」（実は very は本来「真実の」→「本当に」→「とても」）

---

212 ☐☐☐☐☐☐

weave [wí:v]

動 織る・作り上げる

web「クモの巣」と関連があり、「クモの巣を織り上げる」と考えよう／weave-wove-woven

---

213 ☐☐☐☐☐☐

dim [dím]

形 薄暗い

「電気を暗くして、かすかに周りが見えるか見えないか」というイメージ。

---

214 ☐☐☐☐☐☐

abrupt [əbrʌ́pt]

abruptly 副 突然・不意に

形 突然の

「突然、不意に破裂する（rupt）」イメージ／abrupt end to the era of the dinosaurs「恐竜時代の突然の終焉」は関西学院大で出た。

---

215 ☐☐☐☐☐☐

sanction [sǽŋkʃən]

名 認可・制裁 動 認可する

「聖域（sanc=sanctuary「サンクチュアリ」）へ入ることを認める」→「認可」／「神聖でないものに与える処罰」→「制裁」

🔊 **TRACK22** [211-220]

216

preliminary
[prɪlímənèri]

形 予備の・準備の
名 予備・準備

「本番・本戦に入る前の (pre)」→「予備の・準備の」／ preliminary round「予選」

217

competence
[ká:mpətns]

名 能力

「競争する (compete) ことができるほどの能力」と覚えるのもアリ。

competent 形 有能な

218

drawback [drɔ́:bæk]

名 欠点

「人の評価を後ろに (back) に引っ張る (draw) もの」→「欠点」と考えよう／ disadvantage で書き換える問題が出そう。

219

foresight [fɔ́:rsàɪt]

名 先見の明・洞察力

「前もって (fore) ものを見ること (sight)」→「先見の明・洞察力」

220

epidemic [èpədémɪk]

名 伝染病・流行
形 流行して

特定の地域での「流行病」や、「悪いことの流行」に使われる。an obesity epidemic「肥満の急増」は慶應大で出た。

221 ■ ■ ■ ■ ■ ■

backdrop [bǽkdra:p]

名 背景

「後ろに (back) 落としておく (drop)」→「(演劇の) 背景幕」→「(事件などの) 背景」／against a backdrop of ～「～を背景にして」

222 ■ ■ ■ ■ ■ ■

certified [sə́:rtəfàid]

certify **動** 証明する
certificate **名** 証明書

形 証明された・資格を持った

「確実な状態 (certain) にされた (過去分詞の ed)」→「認定された」→「公認の・資格を持った」／a certified public accountant「公認会計士」

223 ■ ■ ■ ■ ■ ■

feasible [fí:zəbl]

feasibility **名** 実行可能性

形 実行可能な

「行われることができる」→「実行可能な・実現可能な」／あるアイディアが「妄想で終わるか現実に実行できるか」という文脈で出てくる。

224 ■ ■ ■ ■ ■ ■

commodity
[kəmá:dəti]

名 商品

「日用品・必需品」などの訳語があるが、まずはざっくり commodity=goods「商品」と押さえても OK

225 ■ ■ ■ ■ ■ ■

showcase [ʃóukèis]

名 展示 動 披露する

文字通り「ショーケースに入れて展示する・披露する」／日本の展示会でも showcase という言葉を目にすることが増えている。

🔊 **TRACK23** [221-230]

---

226 ⬛⬛⬛⬛⬛⬛

deter [dɪtə́:r]

動 思いとどまらせる

「恐怖 (ter=terror) を与えてやめさせる」→「思いとどまらせる・やめさせる」／deter 囚 from -ing「囚 が〜することを思いとどまらせる」

---

227 ⬛⬛⬛⬛⬛⬛

abortion 注

[əbɔ́:rʃən]

abort **動** (妊婦が)流産する・中止する

名 妊娠中絶

授業では避けられがちな話題だが、ニュースでは当然のように使われる(「中絶の是非」については世界中で話題)ので難関大受験者には必須。

---

228 ⬛⬛⬛⬛⬛⬛

dodge [dá:dʒ]

動 避ける

「ドッジボール」は「ボールを避けるゲーム」

---

229 ⬛⬛⬛⬛⬛⬛

forgo [fɔ:rgóu]

動 なしですませる

do without 〜「〜をなしですませる」と同じ意味。

---

230 ⬛⬛⬛⬛⬛⬛

eloquent [éləkwənt]

形 雄弁な

スピーチの力が問われる欧米では誉め言葉によく使われる／an eloquent speech「雄弁なスピーチ」

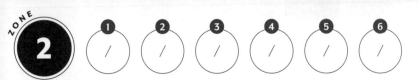
231 ■■■■■■

fatality [feɪtǽləti]

fate 名 運命
fatal 形 致命的な

名 死亡者

「死ぬ運命 (fate) に至ってしまった人」→「死亡者」／事故の死者によく使われるのでニュースに出てくる／fatality rate「死亡率」

232 ■■■■■■

fiscal [fískl]

形 会計の

fiscal year ending March 2024「(2023 年 4 月から) 2024 年 3 月末までの会計年度」(ending ～ は直前 fiscal year「会計年度」を修飾)

233 ■■■■■■

barbarian [bɑːrbéəriən]

名 未開人・野蛮人
形 未開の

本来「bar、bar という知らない音を発する異国の人」→「未開人・野蛮人」

234 ■■■■■■

inhabit [ɪnhǽbət]

inhabitant 名 住民・生息動物

動 住む

「～の中に (in) 習慣 (habit) のようにいる」→「～にいつもいる」→「～に住む」／inhabit ～＝live in ～

235 ■■■■■■

lawsuit [lɔ́ːsùːt]

名 訴訟

suit 自体に「訴訟」という意味もあるので「スーツ (suit) を着て訴訟を起こす」と覚えよう／file a lawsuit「提訴する」

🔊 TRACK24 [231-240]

236 ⬛⬛⬛⬛⬛⬛

legitimate
形[lɪdʒítəmət] 動[lɪdʒítəmèit]

形 妥当な 動 正当性を示す

「合法 (legitim=legal) にする (ate)」→「合法的な・妥当な」

237 ⬛⬛⬛⬛⬛⬛

captivity [kæptívəti]

名 とらわれた状態・拘留

「catch・capture されてしまった状態」／ in captivity「とらわれの身で」

238 ⬛⬛⬛⬛⬛⬛

thread [θréd]

名 糸・(議論の)筋道

ネットで「スレを立てる」は「スレッド (thread) を作る」ことで、「糸・筋道」から派生して「ある話題に関して話し合うもの」のこと。

239 ⬛⬛⬛⬛⬛⬛

municipal
[mju(:)nísəpl]

形 市の

「地元イベントの告知」などの英文で出てくる／the Yokohama Municipal Subway Blue Line「横浜市営地下鉄ブルーライン」は横浜観光で重宝する路線。

240 ⬛⬛⬛⬛⬛⬛

noteworthy
[nóutwə̀:rði]

worthy 形 価値がある

形 注目すべき

「注目する (note) 価値がある (worthy)」→「注目すべき」(前置詞 worth「〜の価値がある」の形容詞が worthy)

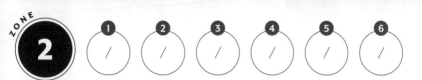

---

241 ■ ■ ■ ■ ■ ■

alienation
[èıliənéıʃən]

名 疎外

「離れた (alien「別の・離れた」) 状態」

alienate 動 遠ざける・疎遠にする

---

242 ■ ■ ■ ■ ■ ■

premise [prémıs]

名 前提・敷地

「前に (pre) 送られた (mise=mit)」→「前もっ
て置かれたもの」→「前提」→「物件に前提
としてついてくる土地」→「敷地」

---

243 ■ ■ ■ ■ ■ ■

barren [bǽrən]

形 不毛の

「fertile (肥沃な) の逆」と覚えてもいいでしょ
う／土地以外にも使えて、たとえば、barren
controversy「不毛な議論」となる。

---

244 ■ ■ ■ ■ ■ ■

dismal [dízml]

形 陰気な

「1 日 (dis=day) が悪い (mal)」→「ついて
いない陰気な日」→「陰気な」

---

245 ■ ■ ■ ■ ■ ■

proven [prú:vn]

形 証明された

動詞 prove「証明する」が過去分詞「証明さ
れた」で頻繁に使われ、辞書にもそのまま
の見出しで載っているので、ぜひここで
チェックしておこう。

prove 動 証明する

---

246 ☐☐☐☐☐☐

acute [əkjúːt]

形 鋭い

「アイスピックのように鋭く先端が尖っている」イメージ／acute pain「激痛」

---

247 ☐☐☐☐☐☐

seasoned [síːznd]

season **動** 味付けする・経験を与えて鍛える

形 経験豊かな

「季節（season）ごとに旬の味付けをされた（過去分詞の ed）」→「（人が）味付けされた」→「いろいろな経験を与えられた」→「経験豊かな」

---

248 ☐☐☐☐☐☐

crude [krúːd]

形 天然の・粗い

「そのままの」というイメージ／crude oil「原油」

---

249 ☐☐☐☐☐☐

disadvantaged
[dìsədvǽntɪdʒd]

disadvantage **名** 不利

形 不利な

socially and economically disadvantaged「社会的、経済的に不利な立場に置かれている」

---

250 ☐☐☐☐☐☐

streamline
[stríːmlàɪn]

stream **名** 小川

動 合理化する

「小川（stream）のようなライン（line）」→「流線形」→「（流線のように）スムーズにする」→「合理化する」／ちなみにウチの事務所の社名は Streamliner

87

251

subordinate
[səbɔ́ːrdənət]

形 下位の・従属した
名 部下

「下に (sub) 順序よく (ordin=order) 並ぶ」→「下位の・従属した」／ subordinate business「傘下企業」(business は「会社」の意味)

252

tentative [téntətɪv]

形 仮の

make a tentative booking「仮の予約を入れる」／あくまで「仮の」なので、長文問題では「後で変更」の可能性があることに注意。

253

versatile [vɔ́ːrsətl]

形 多くの才能がある

「多目的・いろいろな用途に向く・多くの才能がある」という意味／ a versatile performer「多才な演者」

254

devastate [dévəstèɪt]

動 荒らす

devastating 形 破滅的な

「破壊的・壊滅的に荒らす」イメージ／ a devastating weapon「破壊的な兵器」は早稲田大で出た。

255

devastation
[dèvəstéɪʃən]

名 破壊・荒廃

「完全に破壊 (devastate) された状態・場所」→「破壊 (の跡)・荒廃・廃墟」／戦争や災害のニュースでよく出る。

🔊 **TRACK26** [251-260]

---

256 ■■■■■■

irrigation [ìrəgéɪʃən]

irrigate 動水をひく

名 灌漑
かんがい

普段の生活では意識しないが、世界では綺麗な水を得られないで困っている地域もあり、そういった話題で欠かせない単語。

---

257 ■■■■■■

profile [próufaɪl]

名 プロフィール・人物評価

本来「横顔」→「プロフィール・人物評価・知名度・態度」/ profile picture「(インスタなどの) プロフィール写真」/ have a high profile「目立つ」

---

258 ■■■■■■

refine [rɪfáɪn]

refined 形洗練された

動 洗練する

「何度も (re) 細かく綺麗な状態 (fine) にする」→「どんどん fine にしていく」→「精製・洗練する」

---

259 ■■■■■■

superfluous
[su(:)pə́:rfluəs]

形 余分な

「度を越えて (super) 流れる (flu) ような」→「余分な・不要な・過度の」

---

260 ■■■■■■

breathtakingly
[bréθtèɪkɪŋli]

breathtaking 形息をのむような

副 息をのむほどに

「息 (breath) を取る・のむ (take) ように」→「息をのむほど (すごい)」/ breathtakingly beautiful「息をのむほどに美しい」

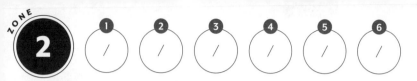

---

261 □□□□□□

comprise [kəmpráɪz]

動 含む・〜から成る

「含む」は comprise=include、「〜から成る」
は comprise=consist of 〜 で考えよう。

---

262 □□□□□□

diverge [dəvə́:rdʒ]

動 分岐する・それる

The anime began to diverge from the
manga.「そのアニメは(原作の)漫画と異
なった展開になり始めた」

---

263 □□□□□□

bureau [bjúərou]

bureaucratic 形 官僚政治[主
義]の

名 事務所・局

「事務所・(官庁の)局・案内所」などいろ
いろな訳語があるが、「情報が集まる基地」の
イメージ／the Statistics Bureau「統計局」

---

264 □□□□□□

cabinet [kǽbənət]

名 棚・内閣

「キャビネット」は「整理用の棚」／「棚のよ
うに機密情報が整理された場所」→「内閣」
と考えよう。

---

265 □□□□□□

millennium
[mɪléniəm]

millennial 形 1000年の

名 1000年間

形容詞を使った「ミレニアル世代(Millennial
Generation／Millennials)」とは、アメリカで
西暦2000年以降に成人を迎えた、もしく
は社会人になった世代のこと。

🔊 **TRACK27** [261-270]

---

266 ■ ■ ■ ■ ■ ■

spark [spáːrk] 🏆

名 火花・ひらめき
動 引き起こす

本来「火花」だが、「火花を散らす・導火線に火をつける」→「引き起こす」／spark debate「論争を引き起こす」

---

267 ■ ■ ■ ■ ■ ■

sparkle [spáːrkl]

sparkling 形 輝くような

動 輝く 名 輝き

Stars started to sparkle in the darkening sky.「星が暗くなりつつある空できらめき始めた」は早稲田大で出題。

---

268 ■ ■ ■ ■ ■ ■

spectacle [spéktəkl]

名 光景・メガネ

「見ること (spect)」→「見世物・光景」、「見るためのもの」→「メガネ」(レンズが複数あるので spectacles)

---

269 ■ ■ ■ ■ ■ ■

envision [ɪnvíʒən]

動 心に思い描く

「心の中に (en) ビジョン (vision) を持つ」→「想像する・心に思い描く」

---

270 ■ ■ ■ ■ ■ ■

bleak [blíːk]

形 荒涼とした

bleach「漂白剤」と関連があり (髪を脱色する「ブリーチ」もこの単語)、「青白い・色が抜けた」→「暗い・わびしい」→「寒々とした・荒涼とした」

91

271 ■■■■■■

twist [twíst] 注

名 ねじれ・意外な展開

「ツイストパン」は「ねじれた形のパン」／「順調に思えた話がねじれるようなこと」→「意外な展開」の意味が重要で、それが早稲田大で問われた。

272 ■■■■■■

vigor [vígər]

名 活力・力強さ

「パワー溢れてみなぎる」イメージ／vegetable「野菜」とも関連があるので、ほうれん草を食べてパワーアップするポパイのような感じか。

273 ■■■■■■

tyranny [tírəni]

tyrant 名 暴君

名 専制政治

肉食恐竜ティラノサウルス (tyrannosaur) の名前は、この tyranny が元になっている（「暴君竜」と訳されることも）。

274 ■■■■■■

conclusive [kənklú:sɪv]

conclude 動 結論づける
conclusion 名 結論

形 決定的な

「結論を下せる (conclude) くらい」→「確実な・決定的な」

275 ■■■■■■

adhesive [ædhí:sɪv]

adhere 動 固執する

形 粘着性の

adhesive tape「粘着テープ (セロテープ・マスキングテープなどの総称)」

92

🔊 **TRACK28** [271-280]

276 ▪▪▪▪▪▪

dismantle [dɪsmǽntl]

動 分解する

dismantle a gun「銃を分解する」

277 ▪▪▪▪▪▪

confrontation
[kà:nfrəntéɪʃən]

名 直面・対決

「共に (con) 顔・面 (front) を向ける」→「向き合う」→「直面・対面・対決・対立」

confront **動** 直面させる

278 ▪▪▪▪▪▪

deem [díːm]

動 ～だと考える

deem OC「OをCだと考える」の形が重要/consider と同じだと考えても OK

279 ▪▪▪▪▪▪

agonize [ǽgənàɪz]

動 苦しむ・苦しめる

「もがき苦しむ」イメージ/自動詞「苦しむ」と他動詞「苦しめる」がある。

280 ▪▪▪▪▪▪

evict [ɪvíkt]

動 立ち退かせる

攻め入られた国民の立場から「敵を外に (e=ex) 行かせることに勝利する (vict=victory)」くらいに考えてしまおう。

281

verge [və́:rdʒ]

名 端

「崖っぷち」のイメージ／on the verge of ～「～する瀬戸際にいる」→「～しようとしている」／on the verge of extinction「絶滅の危機に瀕して」

282

tame [téɪm]

動 飼いならす
形 飼いならされた

「テイム」というなんか穏やかな発音のせいなのか、僕には「やさしく撫でて飼いならす」というイメージがある。

283

disperse [dɪspə́:rs]

動 まき散らす

「中心から四方に分散させる」イメージで、「分散させる・まき散らす・広める」→「追い払う」などの意味がある。

284

avail [əvéɪl]

動 役立つ 名 効用

available **形 使える・手に入る・都合がつく**
availability **名 役に立つこと**

avail oneself of ～「～を利用する」の形が重要。

285

backbone [bǽkbòun]

名 背骨・根幹

「背 (back) 骨 (bone)」→「背骨」→「根幹・重要な要素」

286 ⬛⬛⬛⬛⬛⬛

bait [béɪt]

名 餌
動 餌をつける・おびき寄せる

bite「噛みつく」と関連があり、「獲物が噛みつくもの」→「餌」/「誘惑」のように比喩的にも使われる。

287 ⬛⬛⬛⬛⬛⬛

corrosion [kəróuʒən]

名 腐食

corrode 動 腐食する

本来「金属が腐食すること」→「腐食・さび・悪化」/「雨風で石や土が削られること」はerosion（英語圏の理科の授業で出てくる）

288 ⬛⬛⬛⬛⬛⬛

imminent [ímənənt]

形 差し迫った

「グイグイと迫ってきて、もはや少し触れてしまっている」ような切迫したイメージ。

289 ⬛⬛⬛⬛⬛⬛

presume [prɪzúːm]

動 仮定する・推定する

presumption 名 推定

「事前に (pre) 頭の中で取る (sume=assume「受け入れる」)」→「現実を見る前に考える」→「仮定する・推定する」

290 ⬛⬛⬛⬛⬛⬛

artifact [áːrtəfækt]

名 工芸品

「技術 (art) を駆使して実際 (fact) に作られたもの」→「工芸品」/広く「人工の物」を指せるが、「工芸品」でよく使われる。

291

beam [bíːm]

動 ニコニコ笑う 名 光・輝き

「ビーム」→「光を発する」→「顔から光・輝きを発する」→「ニコニコ笑う」／「賞を取ったり、褒められたりして、誇らしげにニコニコする」イメージ。

292

firsthand [fə́ːrsthænd]

形 直接の 副 直接に

firsthand experience「直接の経験」／ハイフンを使って first-hand となることもある。

293

beckon [békən]

動 合図する

よく「手招きする」と訳されるので僕は「招き猫」の印象がついてしまったが、本来は外国人の「手のひらを上にして人さし指でクイッとやる」イメージ。

294

convene [kənvíːn]

convention 名 大会

動 集まる・招集する

convention center「コンベンションセンター・イベント会場」は人が集まるイメージ（ちなみにコミケも convention の一種）で、その動詞が convene

295

biographical [bàiəgræfikl]

biography 名 伝記

形 伝記の

共通テストなどで人物紹介・伝記（biography）が重要なので、この形容詞形までチェックを／biographical comics「伝記マンガ」

296 ■■■■■■

downfall [dáunfɔːl]

名 落下・転落

fall down「落下する」が名詞になったもの／「落下」→「転落」→「失脚」という意味にもなる。

297 ■■■■■■

symposium
[sɪmpóuziəm]

名 シンポジウム（公開討論）

よく大学で開かれている「あるテーマについての公開討論」のこと。

298 ■■■■■■

blunder [blʌ́ndər]

名 大失敗 動 大失敗する

本来は「目を閉じる」という意味で（おそらくblink「まばたきする」と関連があると思う）、「大事な所で目をつぶってしまい失敗する」と考えよう。

299 ■■■■■■

expenditure
[ɪkspéndɪtʃər]

名 支出・経費

"ex+spend"のイメージで「お金を使って（spend）外に出ていく（ex）もの」→「支出」

expend 動 費やす

300 ■■■■■■

forfeit [fɔ́ːrfət]

名 没収 動 失う

「ものすごい罰」というイメージで、「没収・剥奪・罰金」などの意味がある。

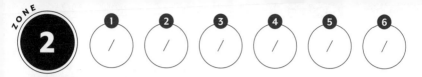

301

formidable
[fɔ́:rmədəbl]

形 手ごわい

本来「恐ろしい」で、その意味もあるものの、実際には少し弱まって「手ごわい」という意味でよく使われる／formidable opponent「手ごわい相手」

302

dynamics [daɪnǽmɪks]

名 変化のパターン

辞書には「力学・原動力」などの意味が並ぶが、入試やニュースでは「変化の仕方・動き方・パターン」のような意味合いで使われることが多い。

303

burnout [bə́:rnàut]

名 燃え尽きること

burn「焼ける」+ 強調の out で、「焼けること」→「精神的に燃え尽きてしまうこと」の両方の意味で使える。

304

harmonious
[hɑ:rmóuniəs]

harmonize 動 調和させる

形 調和した

「harmony（調和）をとるような」／be harmonious with ～「～と調和がとれている」

305

messy [mési]

mess 名 乱雑

形 乱雑な

「グッチャグチャで面倒」なイメージ／「乱雑（mess）な状態」→「乱雑な」／発展で「(乱雑で) やっかいな」という意味もある。

🔊 **TRACK31** [301-310]

306 ■■■■■■

centralize [séntrəlàɪz]

動 集中させる

「権力・機能などを中心・センター (centr= center) にする」／centralized government 「中央集権国家」／decentralize はその逆で「分散させる」（早慶とも出題済み）

307 ■■■■■■

chronological [krɑ̀:nəlá:dʒɪkl]

chronology 名 年代

形 年代順の

「時間 (chrono) において論理的な (logical)」→「時間の順番の」と考えよう／in chronological order「時系列に」

308 ■■■■■■

frantic [fræntɪk]

形 気が狂いそうな

「正常でない」イメージで「ものすごい・必死の」と訳されることも／be frantic with joy「喜びで気が狂わんばかり」という使い方もある。

309 ■■■■■■

commendable [kəméndəbl]

commend 動 賞賛する・ほめる

形 賞賛されるべき・立派な

動詞 commend は「賞賛する・ほめる」／commendable は「賞賛されることができる」→「それくらい立派な」／admirable も同じ意味。

310 ■■■■■■

anarchy [ǽnərki]

名 無政府状態

辞書でも訳語は「無政府状態」だが、「混乱・無秩序・やりたい放題」のイメージ／a state of anarchy「無政府状態（混乱状態）」

311 ■■■■■■

hail [héɪl]

動 称賛する

「元気に声を出す」イメージで「歓迎する」などの意味があるが、入試では、hail A as B「A を B と称賛する」が重要。

312 ■■■■■■

demolish [dɪmáːlɪʃ]

demolition 名 破壊

動 破壊する

「建物を破壊する・取り壊す」という意味でよく使われる／demolish a building「建物を取り壊す」

313 ■■■■■■

condolence
[kəndóuləns]

名 お悔やみ

「人が亡くなった」という SNS の投稿に、Sending my condolences to you and your family.「皆様にお悔やみ申し上げます」のようなコメントがある。

314 ■■■■■■

confederation
[kənfèdəréɪʃən]

名 連合

「連合・同盟・連邦」などの訳語があるが、league「リーグ」のように「団体・組織が同盟を結んだ」イメージ。

315 ■■■■■■

fright [fráɪt]

frighten 動 こわがらせる

名 恐怖

「突然、背筋が凍るような恐怖」のイメージ／fright が名詞、frighten が動詞という品詞の区別も入試では重要。

316 ■ ■ ■ ■ ■ ■

affirmation
[æfərméiʃən]

affirm 動 断言する

名 断言

「気持ちを堅く(firm)すること」→「肯定・断言」

317 ■ ■ ■ ■ ■ ■

exemption
[ɪgzémpʃən]

exempt 動 免除する

名 免除

「義務からの免除」に使われる／tax exemption「税金の免除・控除」

318 ■ ■ ■ ■ ■ ■

consecutive
[kənsékjətɪv]

形 連続した

「ひたすら一定間隔で続く」イメージ／for seven consecutive hours「7時間ぶっ続けで」

319 ■ ■ ■ ■ ■ ■

illogical [ɪlá:dʒɪkl]

形 非論理的な

「論理的(logical)ではない(il=否定のin)」→「非論理的な・筋が通らない」

320 ■ ■ ■ ■ ■ ■

bid [bíd]

bidder 名 入札者

動 入札する 名 入札

日本語でもオークション(もしくはそれをまねたTV番組やゲーム)で「ビッド」と使われる／bid for ～「～に入札する」

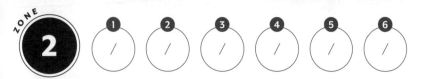

ZONE 2

①	②	③	④	⑤	⑥
/	/	/	/	/	/

---

321 ■■■■■■

ballot [bǽlət]

名 投票 動 投票する

本来「小さいボール (ball) で賛成・反対を決めた」ことに由来／mail-in ballots「郵送投票」(2020年の米大統領選でコロナの影響で広まった)

---

322 ■■■■■■

cosmopolitan
[kà:zməpá:lətən]

cosmopolis 名 国際都市

形 国際色豊かな 名 国際人

「多くの国だけでなく、文化や階級の人から成り、都会的な雰囲気がある」イメージ。

---

323 ■■■■■■

hunch [hʌ́ntʃ]

名 直感

「ポンッと浮かんだもの」というイメージ(「背を丸める」や「ラクダの背中のこぶ」という意味もある)／have a hunch that ～「～する予感がする」

---

324 ■■■■■■

verdict [vɚ́ːrdɪkt]

名 (陪審員の) 評決

法律関係の英語は難しいので、「陪審員」の「ばい」を ver に見立てて「陪審員が評決を言う (dict)」と覚えよう／a guilty verdict「有罪判決」

---

325 ■■■■■■

credibility
[krèdəbíləti]

credible 形 信用できる

名 信用

「信用 (cred) されることができる (ible) こと」→「信用」／the credibility of your sources「あなたの情報源が信用できること」

---

326 ■■■■■■

custody [kʌ́stədi]

名 (子どもの)保護・拘留

「見張る」イメージ／have the custody of the child「その子を保護監督する」／容疑者に使えば「拘留」

327 ■■■■■■

dangle [dǽŋgl]

動 ぶら下がる

本来「ものがダラッとぶら下がる」→「ぶらぶら揺れる」→「人にまとわりつく」などの意味もある。

328 ■■■■■■

fabricate [fǽbrɪkèɪt]

動 でっち上げる

「一生懸命に作り上げる (fabric)」→「話を作る」／fabric「布地・織物」は「職人が一生懸命編んだ・織ったもの」

329 ■■■■■■

afflict [əflíkt]

動 苦しめる

本来「強く叩く・打ちのめす」→「打ちのめすほど苦しめる・悩ませる」

330 ■■■■■■

defer [dɪfə́:r]

動 延期する

「離れたところに (de) 運ぶ (fer)」→「延期する」

103

331

deflect [dɪflékt]

動 そらす

「離れたほうに (de) 反射させる (flect)」→「そらす」／特に「人の気をそらす」で使われる。

332

conceivable
[kənsí:vəbl]

形 考えられる

「考え (conceive) られることができる」→「考えらえる・想定できる」／inconceivable「あり得ない」もよく使われる。

333

demote [dɪmóut]

demotion 名 降格

動 降格する

「離れたところ・下へ (de) 動かす (mote)」→「降格する」(mote は motor「モーター」から連想しよう)

334

escort
動 [ɪskɔ́:rt] 名 [éskɔ:rt]

動 付き添う
名 付き添い・護衛

「エスコートする」とは「付き添い、案内して、きちんと守る」こと。

335

deport [dɪpɔ́:rt]

動 国外追放する

「離れたところに (de) 運ぶ (port)」(port「港から運ぶ」イメージ)／Many illegal immigrants were deported.「たくさんの不法移民が国外追放された」

🔊 TRACK34 [331-340]

336 ◼◼◼◼◼◼◼

humane [hju:méɪn]

形 慈悲深い

予想通り human からできた単語で「human は慈悲深い humane」と覚えよう。

337 ◼◼◼◼◼◼◼

slaughter [slɔ́:tər]

名 虐殺 動 殺す

本来「食用に動物を殺すこと」だが、「人を家畜のように殺すこと」→「虐殺」となった。

338 ◼◼◼◼◼◼◼

uphold [ʌphóuld]

upholder 名 支持者

動 支持する

「相手を持ち上げた (up) 状態をホールド (hold) する」→「支持する」／発展で、「(支持するからこそ) 維持する」という訳語もある。

339 ◼◼◼◼◼◼◼

discredit [dɪscrédət]

名 疑い 動 疑う

「信用 (credit) がない (dis)」／discredit O as ～「O を～だとして疑う・信用しない」

340 ◼◼◼◼◼◼◼

grace [gréɪs]

graceful 形 上品な・優美な

名 上品・善意・恵み

優雅で美しく厳かなイメージ／"Amazing Grace" という有名な曲は「神様から与えられる素晴らしい恵み」を歌う讃美歌。

ZONE **2**

---

341 ■ ■ ■ ■ ■ ■

disgrace [dɪsgréɪs]

disgraceful 形 不名誉な

名 不名誉 動 (名を) 汚す

「善意 (grace) を汚す (dis)」／resign in disgrace「不名誉な辞職の仕方をする (スキャンダルなどで使われる)」

---

342 ■ ■ ■ ■ ■ ■

endemic [endémɪk]

名 風土病
形 ある地方特有の・固有の

COVID-19「新型コロナウィルス」は、最初は中国の epidemic「伝染病」、それが広まり pandemic「世界的伝染病」／もし特定地域に落ち着けば endemic になる。

---

343 ■ ■ ■ ■ ■ ■

proceeds [próusì:dz]

proceed 動 進む

名 収益

動詞 proceed は「前進する」なので、「企業が前進する」→「利益を上げる」→「収入・収益」(収入がたくさんあるイメージから複数形 proceeds)

---

344 ■ ■ ■ ■ ■ ■

adverse [ædvə́:rs]

adversity 名 逆境

形 反対の

「逆方向・正反対」のイメージ／an adverse effect「逆効果・悪影響」

---

345 ■ ■ ■ ■ ■ ■

disorganized
[dɪsɔ́:rgənàɪzd]

disorganize 動 組織を乱す・秩序
を乱す

形 無秩序な

disorganize「組織を乱す」の過去分詞／My brother's backpack is disorganized.「弟のリュックの中はめちゃくちゃだ」

🔊 **TRACK35** [341-350]

346 ■■■■■■

impassive [ɪmpǽsɪv]

形 無表情の

「受動態」を passive voice というが、impassive は「主語が（受動態のように）影響を受ける（passive）ことがない（im=否定のin）」→「表情が変わらない」

347 ■■■■■■

dispatch [dɪspǽtʃ]

動 派遣する 名 派遣

「急いで使いを送り込む」イメージ／ニュースでは「（部隊などを）派遣する」という意味でよく使われる。

348 ■■■■■■

arouse [əráuz]

動 刺激する

rise「上がる」・raise「上げる」のペアは基本だが、arise「生じる」・arouse「目覚めさせる・刺激する」のペアも覚えておこう。

349 ■■■■■■

displace [dɪspléɪs]

動 置き換える・強制退去させる

「場所を変える」→「置き換える・移す」→「強制退去させる」／internally displaced people「国内避難民」

350 ■■■■■■

proximity [prɑːksíməti]

名 近接

in proximity to ～「～に近い」／proximity effect「（心理学で）長時間一緒にいるほど仲良くなる現象」

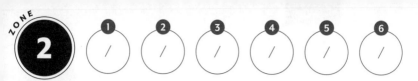

ZONE **2**

---

351 ■ ■ ■ ■ ■ ■

condense [kəndéns]

condensed 形 濃縮された

動 濃縮する

「メチャメチャ詰め込む」イメージ／condensed milk「コンデンスミルク (練乳)」は牛乳に砂糖を加え、ギッシリ煮詰めて濃縮したもの。

---

352 ■ ■ ■ ■ ■ ■

doom [dú:m]

名 運命 動 運命づける

「悪い・不運なこと」に使われることが多い／doomsday は「(キリスト教で) 最後の審判の日・(核戦争などで) 人類が滅亡する日」

---

353 ■ ■ ■ ■ ■ ■

bizarre [bɪzá:r]

形 異様な

「風変りで奇妙な」というイタリア語からきているという説もあるので、英語にしてはつづりが異様／意外と会話でよく使われる／a bizarre hat「変な帽子」

---

354 ■ ■ ■ ■ ■ ■

downplay [dáunplèɪ]

動 軽く扱う

down が「下に見た」感じで、play が「もてあそぶ」感じ／downplay coronavirus dangers in the early days of the pandemic「パンデミックの初期にコロナウイルスの危険性を軽視する」

---

355 ■ ■ ■ ■ ■ ■

downturn [dáuntà:rn]

名 下降

「下へ (down) 向く (turn)」→「下降」／景気の下落・停滞に使われることが多い。

108

🔊 **TRACK36** [351-360]

356 ■■■■■■

arguably [ɑ́:rgjuəbli]

副 ほぼ間違いなく

「議論され(argue)うる(able)ことだが」→「異論はあるかもしれないが」→「(断定を避けて)ほぼ間違いなく」

357 ■■■■■■

elude [ɪlúːd]

動 逃れる

「スルッとうまく逃れる」イメージ／「eel(うなぎ)がスルッと手から逃れる」と覚えるのもアリ。

358 ■■■■■■

endorse [ɪndɔ́:rs]

動 支持する

僕は受験生のとき「裏書きする」で一生懸命覚えたが、「支持する・推薦する」のほうが便利／「お墨付き」というイメージ。

endorsement 名 承認・支持

359 ■■■■■■

tangle [tǽŋgl]

動 もつれさせる・もつれる

My hair gets tangled easily.「私の髪ってすぐからんじゃう」

360 ■■■■■■

entangle [ɪntǽŋgl]

動 もつれさせる・巻き込む

「もつれる(tangle)ようにする(en)」→「人をもつれさせる・からませる」→「巻き込む」／be entangled in a plot「陰謀に巻き込まれる」

entanglement 名 巻き込むこと

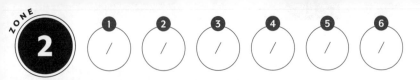
361

enviable [énviəbl]

envious 形 うらやんで・嫉妬して
envy 動 ねたむ

形 うらやましい（ほど良い）

「嫉妬（envy）される（able）ほどの」→「うらやましがられる（ほど良い）」／able・ible は「可能・受動」の意味。

362

sue [s(j)úː]

動 訴える

pursue「追う」と関連があり「事件を追う」→「訴える」と考えよう／sue a doctor for malpractice「医師を（医療）過誤で訴える」

363

equivocal [ɪkwívəkl]

unequivocal 形 疑う余地のない・明白な

形 はっきりしない

「等しい（equi=equal）声量の（vocal）意見」→「同じような」→「どっちつかずではっきりしない」

364

deploy [dɪplɔ́ɪ]

deployment 名 （部隊の）配置

動 配置する

「軍・部隊を配置する」という意味でよく使われるので、海外ニュースで頻出。

365

venture [véntʃər]

動 危険にさらす・思い切ってする
名 冒険的な事業

adventure「冒険」から生まれた単語／venture firm「ベンチャー企業（危険を承知で新しいことに挑戦する企業）」は慶應大で出た。

🔊 **TRACK37** [361-370]

366 ■■■■■■

evasive [ɪvéɪsɪv]

evade 動 逃れる

形 回避する・責任逃れの

「evade する性質がある」で、良い意味では「危険を回避するような」、悪い意味では「責任逃れの」

367 ■■■■■■

alleviate [əlíːvièɪt]

alleviation 名 緩和

動 軽減する

「傷みをスーッととってくれる」イメージ／alleviate pain「傷みを緩和する」

368 ■■■■■■

exemplify [ɪgzémpləfàɪ]

動 実例となる

「良いお手本・例 (exempli=example) にする」→「～の良い実例となる・例証する」(単に「示す」くらいで覚えても OK)

369 ■■■■■■

connotation [kàːnətéɪʃən]

connote 動 言外に意味する

名 含み・言外の意味

The word "slender" has a positive connotation.「slender という言葉には良い含みがある」(良い意味で「細い」とき)／大阪大の長文問題で下線が引かれた。

370 ■■■■■■

breach [bríːʧ]

名 違反　動 (約束を) 破る

break「壊す」と関連があり、「義務・契約・約束などを壊す」→「破る」→「違反」／breach of contract「契約違反」

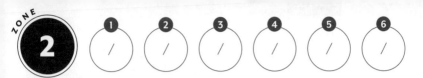

371 ■■■■■■

exterminate
[ɪkstə́:rmənèit]

動 絶滅させる

「境界（termin=term）の外へ（ex）出す」→「絶滅・根絶させる」

extermination 名 根絶

372 ■■■■■■

decompose
[dì:kəmpóuz]

動 分解する

compose は「構成する」で、de はマイナス表現／ちなみに decomposer は「死んだ生物を分解する、菌類などの生物」

decomposition 名 分解

373 ■■■■■■

falsify [fɔ́:lsəfài]

動 偽造する

「本来あるものを嘘の（false）状態にする」→「偽る・偽造する」

false 形 誤った

374 ■■■■■■

cluster [klʌ́stər]

名 集団

本来「（ブドウなどの）房」のイメージだが、コロナ感染の「クラスター」で世間に広まった単語。

375 ■■■■■■

fictitious [fɪktíʃəs]

形 架空の

「作り話・フィクション（fiction）のような」→「架空の・偽りの」

🔊 **TRACK38** [371-380]

376 ▪▪▪▪▪▪

bearable [béərəbl]

形 耐えられる

「運ぶ・耐える」という意味の bear は「熊が重いものを運んで耐える」と覚えよう／unbearable「耐え難い」もよく使われる。

377 ▪▪▪▪▪▪

foe [fóu]

名 敵

enemy「敵」を硬く言うようなイメージ／a political foe「政敵」

378 ▪▪▪▪▪▪

array [əréɪ]

名 配列 動 配置する

「arrange（並べる）すると array」と覚えよう／an array of ～「配列された～」→「ずらりと並んだ～」(≒ a lot of ～)

379 ▪▪▪▪▪▪

breakout [bréɪkàut]

名 発生

「ドーンと出る」イメージで、辞書では「脱獄」が第一義だが、入試では「病気の発生」が重要。

380 ▪▪▪▪▪▪

eligible [élədʒəbl]

形 資格のある

be eligible for ～「～の資格・権利がある」／be eligible for 20 days paid vacation per year「年に 20 日の有給休暇を取る権利がある」

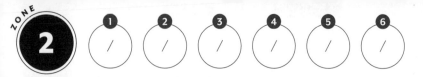

---

381 ■ ■ ■ ■ ■ ■

brisk [brísk]

形 活発な

「きびきび・てきぱきして元気がいい」イメージ／brisk walking「早歩き」

---

382 ■ ■ ■ ■ ■ ■

clause [klɔ́:z]

名 (法律・条約の)条項

本来「閉じる (close) こと」で、英文法での「節」の意味もあるが、「ひとつずつの決まり」→「条項」のほうが入試では大事。

---

383 ■ ■ ■ ■ ■ ■

frenzy [frénzi]

名 熱狂

「狂乱・逆上・熱狂」などいろんな訳語があるが、どれも「熱を帯びた」イメージ／in a frenzy「熱狂して」

---

384 ■ ■ ■ ■ ■ ■

confiscate [ká:nfɪskèit]

confiscation 名 没収

動 没収する

「当局の没収」など公的な意味だが、身近な例として、confiscate one's phone「スマホを没収する」でも OK (学校でよく使われる)

---

385 ■ ■ ■ ■ ■ ■

frugal [frú:gl]

形 質素な

「お金を使わない」という意味で「質素な」なので「倹約家の」と訳すこともある／a frugal meal「質素な食事」

🔊 **TRACK39** [381-390]

386 ■ ■ ■ ■ ■ ■

intriguing
[ɪntríːgɪŋ]

intrigue 動 興味を持たせる

形 興味をそそる

「複雑な (intricate) 小説が読者に興味を持たせる」イメージ／an intriguing offer「興味をそそる提案」／難しい単語だが英字新聞でもよく使われる。

387 ■ ■ ■ ■ ■ ■

reptile [réptl]

名 爬虫類

本来「腹ばいで進む」で、ヘビなど爬虫類を指すようになった／大学入試・英検ではなぜか爬虫類の話がよく出る。

388 ■ ■ ■ ■ ■ ■

graze [gréɪz]

動 (家畜が) 牧草を食う

「牛が grass (草) を食べるのが graze」と覚えよう／ちなみに「食う」という乱暴な感じから「ジャンクフードを食べる」→「間食する」という意味もある。

389 ■ ■ ■ ■ ■ ■

pasture [pǽstʃər]

名 牧草地

The cows are grazing in the pasture.「牛が牧草地で草を食べている」

390 ■ ■ ■ ■ ■ ■

frame [fréɪm]

名 枠 動 形作る・構成する

「枠で囲んで組み立てる」→「(話の枠組みを) 構成する・形作る・わかりやすくする」など／世間は気づいてないが 2019・2020 年で早稲田大 3 学部と慶應大で出た。

---

391 ■■■■■■

grumble [grʌ́mbl]

動 不満を言う 名 不満

「グルグル〜という低い音」のイメージ／「雷がゴロゴロ鳴る・お腹がグーッと鳴る・ブツブツ不満を言う」などの意味がある。

---

392 ■■■■■■

compression
[kəmpréʃən]

compress 動 圧縮する

名 圧縮

「すごく（強調の com）押す・プレスする（press）こと」→「圧迫・圧縮」／ちなみにパソコンの「データ圧縮」にも使われる単語。

---

393 ■■■■■■

hamper [hǽmpər]

動 妨げる

prevent 同様に、hamper O from -ing「O が〜するのを妨げる・邪魔する」の形が重要。

---

394 ■■■■■■

harass [hərǽs]

harassment 名 嫌がらせ・悩みの
種

動 悩ます

「セクシャル・ハラスメント（sexual harassment）」で意味は簡単に理解できるだろう／「絶えず・しつこく・繰り返して」というニュアンスもチェック。

---

395 ■■■■■■

calamity
[kəlǽməti]

名 災難・大災害

ニュースで頻出／disaster・calamity・catastrophe は「災害・災難」の重要 3 単語。

🔊 TRACK40 [391-400]

396 ■■■■■■

herald [hérəld]

名 先駆者・前兆
動 到来を告げる

英字新聞の名前に使われているが、「先駆者」→「先駆者は先に情報を仕入れて大衆に伝える」→「布告・報道する者」の意味。

397 ■■■■■■

devise [dɪváɪz]

device 名 装置・工夫

動 考案する

device「装置」が「デバイス」として有名なので、「デバイスを工夫して考案するのがdevise」と覚えよう。

398 ■■■■■■

counterfeit [káuntərfit]

名 偽物 形 偽の 動 偽造する

counter には「反対の」という意味があるので「本物と反対に作られた (feit)」→「偽物」と考えよう／counterfeit goods「偽造品」

399 ■■■■■■

illicit [ɪlísɪt]

形 不法の

「合法 (licit=legal) でない (il=否定の in)」／illicit drugs「不法ドラッグ」

400 ■■■■■■

constraint [kənstréint]

constrain 動 強いる

名 制約

time constraint「時間の制約・時間制限」／stra・stre は「締め付け」のニュアンス (stress「ストレス」は「メンタルの締め付け」) ／北里大で limitation との書き換えが出た。

次の (1) ～ (5) の単語の意味を、① ～ ⑤ から選びなさい。

1 (1) **bureau** (2) **proximity** (3) **humane** (4) **abrupt**
(5) **feasible**

① 近接 ② 実行可能な ③ 慈悲深い ④ 突然の ⑤ 事務所・局

A (1) ⑤ (2) ① (3) ③ (4) ④ (5) ②

2 (1) **proceeds** (2) **brisk** (3) **disgrace**
(4) **disadvantaged** (5) **fright**

① 不名誉／（名を）汚す ② 収益 ③ 恐怖 ④ 不利な ⑤ 活発な

A (1) ② (2) ⑤ (3) ① (4) ④ (5) ③

3 (1) **hamper** (2) **refine** (3) **epidemic** (4) **deploy**
(5) **premise**

① 妨げる ② 前提・敷地 ③ 洗練する ④ 伝染病・流行／流行して ⑤ 配置する

A (1) ① (2) ③ (3) ④ (4) ⑤ (5) ②

4 (1) **cluster** (2) **equivocal** (3) **confederation**
(4) **harmonious** (5) **exemplify**

① 調和した ② 連合 ③ 集団 ④ はっきりしない ⑤ 実例となる

A (1) ③ (2) ④ (3) ② (4) ① (5) ⑤

5 (1) **conceivable** (2) **firsthand** (3) **custody**
(4) **chronological** (5) **verdict**

① 直接の／直接に ② 年代順の ③ 考えられる ④ （陪審員の）評決
⑤ （子どもの）保護・拘留

A (1) ③ (2) ① (3) ⑤ (4) ② (5) ④

6
(1) **eloquent** (2) **cabinet** (3) **harass** (4) **coverage**
(5) **breathtakingly**

① 息をのむほどに ② 悩ます ③ 保険・補償・報道 ④ 雄弁な ⑤ 棚・内閣

A (1) ④ (2) ⑤ (3) ② (4) ③ (5) ①

7
(1) **cosmopolitan** (2) **afflict** (3) **eligible**
(4) **affirmation** (5) **foe**

① 資格のある ② 断言 ③ 苦しめる ④ 国際色豊かな／国際人 ⑤ 敵

A (1) ④ (2) ③ (3) ① (4) ② (5) ⑤

8
(1) **convene** (2) **doom** (3) **demolish** (4) **tyranny**
(5) **counterfeit**

① 破壊する ② 運命／運命づける ③ 偽物／偽の／偽造する ④ 集まる・招集する
⑤ 専制政治

A (1) ④ (2) ② (3) ① (4) ⑤ (5) ③

9
(1) **bizarre** (2) **disorganized** (3) **exterminate**
(4) **blunder** (5) **avail**

① 異様な ② 絶滅させる ③ 無秩序な ④ 役立つ／効用 ⑤ 大失敗／大失敗する

A (1) ① (2) ③ (3) ② (4) ⑤ (5) ④

10
(1) **superfluous** (2) **grace** (3) **deflect** (4) **arguably**
(5) **slaughter**

① 虐殺／殺す ② そらす ③ ほぼ間違いなく ④ 余分な ⑤ 上品・善意・恵み

A (1) ④ (2) ⑤ (3) ② (4) ③ (5) ①

次の(1)～(5)の単語の意味を、①～⑤から選びなさい。

11　(1) grumble　(2) endorse　(3) captivity　(4) thrust　(5) milestone

① 不満を言う／不満　② 画期的なもの　③ 支持する　④ ぐいっと押す
⑤ とらわれた状態・拘留

A　(1)①　(2)③　(3)⑤　(4)④　(5)②

12　(1) imminent　(2) falsify　(3) bid　(4) abortion　(5) condense

① 妊娠中絶　② 濃縮する　③ 差し迫った　④ 入札する／入札　⑤ 偽造する

A　(1)③　(2)⑤　(3)④　(4)①　(5)②

13　(1) noteworthy　(2) bearable　(3) dismantle　(4) expenditure　(5) breach

① 支出・経費　② 耐えられる　③ 分解する　④ 注目すべき　⑤ 違反／（約束を）破る

A　(1)④　(2)②　(3)③　(4)①　(5)⑤

14　(1) diverge　(2) fabricate　(3) evict　(4) inhabit　(5) discharge

① 分岐する・それる　② 立ち退かせる　③ でっち上げる　④ 住む　⑤ 解放する／解放

A　(1)①　(2)③　(3)②　(4)④　(5)⑤

15　(1) formidable　(2) certified　(3) disperse　(4) tangle　(5) downfall

① 証明された・資格を持った　② まき散らす　③ 落下・転落　④ 手ごわい
⑤ もつれさせる・もつれる

A　(1)④　(2)①　(3)②　(4)⑤　(5)③

16

(1) **exemption**　(2) **tentative**　(3) **fiscal**　(4) **barren**
(5) **seasoned**

① 仮の　② 経験豊かな　③ 免除　④ 不毛の　⑤ 会計の

A　(1) ③　(2) ①　(3) ⑤　(4) ④　(5) ②

17

(1) **devastation**　(2) **commendable**　(3) **bleak**
(4) **preliminary**　(5) **conclusive**

① 予備の・準備の／予備・準備　② 賞賛されるべき・立派な　③ 決定的な
④ 破壊・荒廃　⑤ 荒涼とした

A　(1) ④　(2) ②　(3) ⑤　(4) ①　(5) ③

18

(1) **allowance**　(2) **uphold**　(3) **thread**　(4) **lawsuit**
(5) **arouse**

① 刺激する　② 糸・(議論の)筋道　③ 手当・割当　④ 支持する　⑤ 訴訟

A　(1) ③　(2) ④　(3) ②　(4) ⑤　(5) ①

19

(1) **deem**　(2) **spectacle**　(3) **connotation**　(4) **frenzy**
(5) **twist**

① 光景・メガネ　② 熱狂　③ ～だと考える　④ 含み・言外の意味
⑤ ねじれ・意外な展開

A　(1) ③　(2) ①　(3) ④　(4) ②　(5) ⑤

20

(1) **forfeit**　(2) **calamity**　(3) **forgo**　(4) **municipal**
(5) **vigor**

① 市の　② なしですませる　③ 活力・力強さ　④ 没収／失う　⑤ 災難・大災害

A　(1) ④　(2) ⑤　(3) ②　(4) ①　(5) ③

次の(1)～(5)の単語の意味を、① ～ ⑤ から選びなさい。

21
(1) **constraint**　(2) **dispatch**　(3) **reptile**　(4) **adverse**
(5) **artifact**

① 爬虫類　② 工芸品　③ 派遣する／派遣　④ 反対の　⑤ 制約

A　(1) ⑤　(2) ③　(3) ①　(4) ④　(5) ②

22
(1) **eternity**　(2) **dangle**　(3) **burnout**　(4) **envision**
(5) **endemic**

① 永遠　② 燃え尽きること　③ 風土病／ある地方特有の・固有の　④ ぶら下がる
⑤ 心に思い描く

A　(1) ①　(2) ④　(3) ②　(4) ⑤　(5) ③

23
(1) **barbarian**　(2) **fictitious**　(3) **anthem**
(4) **symposium**　(5) **intriguing**

① シンポジウム（公開討論）　② 賛美歌　③ 未開人・野蛮人／未開の
④ 興味をそそる　⑤ 架空の

A　(1) ③　(2) ⑤　(3) ②　(4) ①　(5) ④

24
(1) **downplay**　(2) **comprise**　(3) **escort**　(4) **displace**
(5) **hail**

① 称賛する　② 軽く扱う　③ 置き換える・強制退去させる　④ 含む・～から成る
⑤ 付き添う／付き添い・護衛

A　(1) ②　(2) ④　(3) ⑤　(4) ③　(5) ①

25
(1) **alienation**　(2) **alleviate**　(3) **discredit**
(4) **biographical**　(5) **presume**

① 軽減する　② 伝記の　③ 疎外　④ 仮定する・推定する　⑤ 疑い／疑う

A　(1) ③　(2) ①　(3) ⑤　(4) ②　(5) ④

26
(1) **beam** (2) **graze** (3) **evasive** (4) **illogical** (5) **elude**

① ニコニコ笑う／光・輝き ② (家畜が) 牧草を食う ③ 非論理的な
④ 回避する・責任逃れの ⑤ 逃れる

A (1) ① (2) ② (3) ④ (4) ③ (5) ⑤

27
(1) **fatality** (2) **devastate** (3) **venture** (4) **confiscate** (5) **decompose**

① 荒らす ② 危険にさらす・思い切ってする／冒険的な事業 ③ 没収する ④ 死亡者
⑤ 分解する

A (1) ④ (2) ① (3) ② (4) ③ (5) ⑤

28
(1) **deter** (2) **streamline** (3) **compression** (4) **dynamics** (5) **backbone**

① 合理化する ② 思いとどまらせる ③ 圧縮 ④ 変化のパターン ⑤ 背骨・根幹

A (1) ② (2) ① (3) ③ (4) ④ (5) ⑤

29
(1) **dismal** (2) **showcase** (3) **herald** (4) **ballot** (5) **sue**

① 展示／披露する ② 陰気な ③ 投票／投票する ④ 訴える
⑤ 先駆者・前兆／到来を告げる

A (1) ② (2) ① (3) ⑤ (4) ③ (5) ④

30
(1) **messy** (2) **verge** (3) **array** (4) **irrigation** (5) **centralize**

① 配列／配置する ② 集中させる ③ 乱雑な ④ 端 ⑤ 灌漑

A (1) ③ (2) ④ (3) ① (4) ⑤ (5) ②

次の(1)〜(5)の単語の意味を、①〜⑤から選びなさい。

31
(1) **velocity**　(2) **dodge**　(3) **pasture**　(4) **crude**
(5) **proven**

① 速度　② 避ける　③ 天然の・粗い　④ 牧草地　⑤ 証明された

A　(1) ①　(2) ②　(3) ④　(4) ③　(5) ⑤

32
(1) **downturn**　(2) **beckon**　(3) **backdrop**　(4) **entangle**
(5) **demote**

① 合図する　② 背景　③ 降格する　④ 下降　⑤ もつれさせる・巻き込む

A　(1) ④　(2) ①　(3) ②　(4) ⑤　(5) ③

33
(1) **foresight**　(2) **frame**　(3) **illicit**　(4) **bait**
(5) **commodity**

① 先見の明・洞察力　② 枠／形作る・構成する　③ 商品
④ 餌／餌をつける・おびき寄せる　⑤ 不法の

A　(1) ①　(2) ②　(3) ⑤　(4) ④　(5) ③

34
(1) **frantic**　(2) **confrontation**　(3) **credibility**　(4) **tame**
(5) **sanction**

① 直面・対決　② 信用　③ 飼いならす／飼いならされた　④ 認可・制裁／認可する
⑤ 気が狂いそうな

A　(1) ⑤　(2) ①　(3) ②　(4) ③　(5) ④

35
(1) **spark**　(2) **weave**　(3) **adhesive**　(4) **devise**
(5) **verification**

① 粘着性の　② 考案する　③ 火花・ひらめき／引き起こす　④ 織る・作り上げる
⑤ 確認・証明

A　(1) ③　(2) ④　(3) ①　(4) ②　(5) ⑤

36 (1) legitimate　(2) competence　(3) acute
(4) agonize　(5) defer

① 苦しむ・苦しめる　② 延期する　③ 能力　④ 妥当な／正当性を示す　⑤ 鋭い

A　(1) ④　(2) ③　(3) ⑤　(4) ①　(5) ②

37 (1) clause　(2) sparkle　(3) corrosion　(4) breakout
(5) millennium

① 発生　② 1000年間　③ (法律・条約の)条項　④ 腐食　⑤ 輝く／輝き

A　(1) ③　(2) ⑤　(3) ④　(4) ①　(5) ②

38 (1) subordinate　(2) enviable　(3) deport　(4) anarchy
(5) impassive

① 国外追放する　② 無表情の　③ 無政府状態　④ 下位の・従属した／部下
⑤ うらやましい(ほど良い)

A　(1) ④　(2) ⑤　(3) ①　(4) ③　(5) ②

39 (1) versatile　(2) consecutive　(3) profile
(4) condolence　(5) unrivaled

① 連続した　② 比べるものがない(ほど無敵の)　③ プロフィール・人物評価
④ 多くの才能がある　⑤ お悔やみ

A　(1) ④　(2) ①　(3) ③　(4) ⑤　(5) ②

40 (1) dim　(2) hunch　(3) tangible　(4) frugal
(5) drawback

① 薄暗い　② 現実の・明白で確実な　③ 質素な　④ 直感　⑤ 欠点

A　(1) ①　(2) ④　(3) ②　(4) ③　(5) ⑤

言い訳はナシだ!

　僕が20代のころ、高3の授業で1000単語習得法を話した後、すごく体格の良い男子生徒が来て、ふてくされ気味に言いました。「単語なんかに2時間も使えないんスけど」と。

　それに対して僕は次のように返しました。「それを俺に言ったところで君の時間が増えるのか? もう自習室でスタートしてる奴らもいるよ。そもそも君は単語"なんか"とか言って単語を見下してるけどさ、その単語なんかにいつも悩まされてきたんじゃないの? やりたくなければやらなくていいけど、俺はこれ以上ラクで効果的な方法を知らないよ」と。僕も若かったので、ちょっと追い詰めすぎましたが、でもそれが本心です。迎合したところで現実は変わらないので。

　単語は「なんとなくやっているうちに覚える」なんて絶対にありえません。心のどこかでそういうのを期待している人は彼だけではないでしょう。でもみなさんはもう腹をくくるしかありません。

　「単語」に真剣にぶつかってみましょう。「自分は暗記が苦手」なんていうのも思い込みです。そもそも「1日2時間、1ヵ月」で成功できるラクなことなんて、世の中にそうはないでしょう。やればいい。それだけなのが単語です。さあ、明日からも頑張ろう!

ZONE

3

[単語401～600]

	DATE	NOTE
Set 1	/	
Set 2	/	
Set 3	/	
Set 4	/	
Set 5	/	
Set 6	/	

401 ■■■■■■

disorient [dɪsɔ́:riènt]

disoriented 形 方向感覚を失っ
た・混乱した

動 方向を失わせる・混乱させる

「オリエンテーション (orientation)」は「正
しい方向に定めること」(orient「方向を定め
る」)／be disoriented「道に迷う」

402 ■■■■■■

impersonate
[ɪmpə́:rsənèit]

動 扮する

「自分の中に (im=in) 別の人 (person) を入
れる (ate)」→「まねる・人に扮する・演じる」
／フェイクニュースや詐欺のニュースでよ
く見かける。

403 ■■■■■■

magnify [mǽgnəfài]

動 拡大する

「大きな・偉大な (magni) 状態にする (fy)」
→「拡大する・増す」(magni は magnitude「マ
グニチュード (地震の大きさ)」で使われる)

404 ■■■■■■

precarious
[prɪkéəriəs]

形 不安定な

本来「運に任せた」→「運次第」→「実現す
るかどうか疑わしい」→「不安定な・根拠が
あいまいな」

405 ■■■■■■

imposition
[ìmpəzíʃən]

impose 動 (税などを)課す

名 課すこと

「重荷を課すこと」という意味／特に「課税」
で使われるので、その訳語で覚えても OK
(税金以外が出てきても理解できるはず)

406 ■ ■ ■ ■ ■ ■

ransom [rǽnsəm]

名 身代金

pay a ransom「身代金を払う」／ransomware「ランサムウェア（パソコンのデータを破壊して、復元ソフトを買わせるウイルス）」

407 ■ ■ ■ ■ ■ ■

incidentally
[ìnsədéntəli]

incidental 形 偶然の

副 偶然に・ところで

「出来事 (incident) が起きるように」→「偶然に」→「偶然に思い出したように話題を変えて」→「ところで」

408 ■ ■ ■ ■ ■ ■

salute [səlúːt]

動 あいさつする・敬意を表する
名 あいさつ・敬礼

フランス語の「サリュ (salut)」は「じゃあね」「やあ」などの「あいさつ」／salute the U.S. flag「アメリカ国旗に敬礼する」

409 ■ ■ ■ ■ ■ ■

persecution 注
[pə̀ːrsəkjúːʃən]

名 迫害

the persecution of Jews「ユダヤ人迫害」

410 ■ ■ ■ ■ ■ ■

mob [máːb]

名 群衆・暴徒
動（群れをなして）襲う

マンガの「モブキャラ」は「名前がなく群衆に埋もれるキャラ」くらいに考えよう。

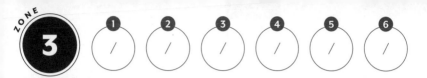

---

411 ■ ■ ■ ■ ■ ■

memoir [mémwɑːr]

名 自伝・伝記

「記憶（memory）を記したもの」→「自伝・伝記」

---

412 ■ ■ ■ ■ ■ ■

outburst [áutbə̀ːrst]

名 爆発

動詞の熟語 burst out「爆発する」から生まれた名詞／「バースト（破裂）する」イメージ。

---

413 ■ ■ ■ ■ ■ ■

infusion [ɪnfjúːʒən]

infuse 動 注入する

名 注入

「エネルギーをグイッと注入する」イメージ／「やる気・希望などを注入すること」にもよく使われるので「鼓舞」と訳されることも。

---

414 ■ ■ ■ ■ ■ ■

prodigy [prɑ́ːdədʒi]

名 天才

genius「天才」が有名だが、prodigy は「子ども」かつ「芸術面」での天才に使われることが多い／a child prodigy「神童」／伝記や教育論で出る。

---

415 ■ ■ ■ ■ ■ ■

inmate [ínmèɪt]

名 囚人・入院患者

「（刑務所・病院などの）中にいる（in）仲間（mate）」→「収容者・囚人・入院患者」（mate は classmate「クラスメイト」で使われている）

130

🔊 **TRACK42** [411-420]

---

416 ⬛⬛⬛⬛⬛⬛

politically [pəlítikəli]

副 政治的に・賢明に

「PC 表現」というものがあり、political correctness「政治的に正しい表現 (公平で差別が含まれていない)」のこと (たとえば businessman ではなく、businessperson など)。

---

417 ⬛⬛⬛⬛⬛⬛

standby [stǽn(d)bài]

名 交替要員・味方

熟語 stand by は「近くに (by) 立つ (stand)」で、「現場のそばに立つ」→「スタンバイする」、「精神的にそばに立つ」→「味方する」／「スタンバイする人・味方する人」のこと。

---

418 ⬛⬛⬛⬛⬛⬛

resurgence
[risə́:rdʒəns]

名 復活

「悪いものの復活」に使われる／resurgence of COVID-19「新型コロナウイルスの感染再拡大」で使われた。

---

419 ⬛⬛⬛⬛⬛⬛

instrumental
[ìnstrəméntl]

instrument 名 道具・楽器

形 重要な役割を果たす・楽器の

「道具 (instrument) となる」→「助けになる・役立つ」と辞書では訳されるが、実際はもっと強い意味で、「重要な役割を果たす」がベスト (東京理科大でこの意味が問われた)。

---

420 ⬛⬛⬛⬛⬛⬛

lofty [lɔ́:fti]

形 とても高い

「ロフト付きの部屋」とは「屋根裏部屋 (loft)のような場所がある部屋」／lofty は「ロフトに届くような」→「とても高い」

421 ■■■■■■

surveillance 注
[sərvéiləns]

图 監視

「上から (sur) 見張ること」→「監視」/
surveillance camera「監視カメラ」(自由英
作文の重要テーマ)

422 ■■■■■■

offset [ɔ́:fsèt]

動 相殺する
名 相殺 (するもの)

「今までの借りがなくなる (off) 状態にセッ
トする (set)」→「相殺する・埋め合わせる」

423 ■■■■■■

irreversible
[ìrɪvə́:rsəbl]

形 元に戻せない

「逆・リバース (reverse) できない (ir=否定の
in)」→「逆にできない」→「元に戻せない」
/irreversible damage「取り返しがつかな
い損害」

424 ■■■■■■

negate [nɪgéit]

negation 名 否定
negative 形 否定の

動 否定する・取り消す

negative「否定的な」の動詞形/ne は「否
定」(フランス語では ne という単語が not の意
味を表す)

425 ■■■■■■

legible [lédʒəbl]

illegible 形 読みにくい

形 読みやすい

legible handwriting「読みやすい手書きの
文字」/広く「読みやすい」で OK だが、
細かく言うと「雑でない・丁寧・大きい」な
どの意味。

🔊 **TRACK43** [421-430]

426 ■■■■■■

mingle [míŋgl]

動 混ぜる・交際する

「ミックス (min=mix) にしてグルグル (gle) にする」くらいに考えよう／「人と混ざる」→「交際する」の意味も。

427 ■■■■■■

lethal [líːθl]

形 致命的な

「死をもたらすような」→「致死の」→「致命的な」→「決定的な・重要な」／a lethal dose of ～「致死量の～（薬）」

428 ■■■■■■

redeem [rɪdíːm]

動 取り戻す

「取り戻す」→「買い戻す・商品や現金に換える」（ポイントカードに redeem という単語がよく使われる）／「名誉を取り戻す」→「名誉挽回する」という意味もある。

429 ■■■■■■

peril [pérəl]

perilous 形 危険な

名 危険

歴史の授業で出てくる「黄禍論 (Yellow Peril)」は「黄色人種脅威論」のことで、この peril は「危険」という意味。

430 ■■■■■■

intercept [ìntərsépt]

interception 名 妨害

動 遮る

スポーツで「インターセプト」と言えば、「ボールを途中で奪う」こと／「横取りする」→「傍受する」→「遮る・阻止する」

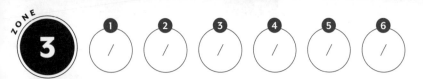
431 ■■■■■■

implicate [ímpləkèɪt]

動 関係させる

「中に (im=in) 織り込む (plicate)」→「巻き込む・関連させる」→「関係させる」／特に「悪いこと」に使われる。

432 ■■■■■■

overdue [òuvərd(j)úː]

形 期限を過ぎた

due は「支払うべき」／支払い・返却の期限が過ぎているときに使われる／12 days overdue「(本などの返却期限が) 12 日過ぎている」

433 ■■■■■■

pivotal [pívətl]

形 きわめて重要な

バスケの「ピボット (pivot)」は「軸」のこと／「軸になる」→「きわめて重要な」／上智大の同義語問題で crucial「きわめて重要な」を選ぶ問題が出た。

434 ■■■■■■

sensation [senséɪʃən]

sensational 形 人騒がせな・すごい

名 感覚・センセーション(大騒ぎ)

本来「感覚 (sense)」／have a strange sensation「(なんか) 変な感じがする」／「痛烈な感覚を持つ出来事」→「センセーション」

435 ■■■■■■

mediocre [mìːdióukər]

形 平凡な

「中間 (medi) くらいの」→「並の・平凡な」／a mediocre student「成績が中の中の生徒・目立たない平凡な生徒 (陰キャの 2 歩手前くらい)」

🔊 **TRACK44** [431-440]

436 ■■■■■■

mellow [mélou]

形 (性格が)円熟した・まろやかな

「やわらかくて滑らかな」イメージ／「果物が熟した」→「柔らかい・甘い」→「美しい」／「ワイン・チーズがメロウ」とは「まろやかな」こと。

437 ■■■■■■

indebted [ɪndétəd]

形 恩を受けている

I'm indebted to you for ～.「～したことに対してあなたに恩義がある(あなたのおかげだ)」

debt 名 借金

438 ■■■■■■

populous [pá:pjələs]

形 人口の多い

population「人口」ばかりが有名だが、この形容詞も大事／人だけでなく動物の数が多いことにも使える。

439 ■■■■■■

lenient [lí:niənt]

形 寛大な

「ゆるい・厳しくない・甘い」イメージ。

440 ■■■■■■

incriminate
[ɪnkrímənèit]

動 罪を負わせる

「人の中に(in)犯罪(crim=crime)を入れる」→「罪を負わせる・有罪にする・告発する」

---

441 ■ ■ ■ ■ ■ ■

spiral [spáɪrəl]

名らせん 形らせん状の
動上昇する

「スパイラル・らせん状に上がっていく」イ
メージ／a spiral staircase「らせん階段」

---

442 ■ ■ ■ ■ ■ ■

mourning [mɔ́ːrnɪŋ]

名哀悼

悲しくて出るうめき声が「モーン（mourn）」
だと考えよう（多少強引なのは承知で）。

mourn 動悲しみ嘆く

---

443 ■ ■ ■ ■ ■ ■

leftovers
[léftòuvərz]

名残りもの ※複数形で使う

「残された（left は leave の過去分詞）もの」で、
特に「料理の残りもの」で使われる／入試頻
出「フードロス」の英文で出る／leftovers
from last night「昨晩の残り物（残りの食べ物）」

---

444 ■ ■ ■ ■ ■ ■

nomadic [noumǽdɪk]

形遊牧民の

「遊牧民の」→「（遊牧民のような）放浪者の」
といった意味もある／a nomadic life「遊牧
生活」

---

445 ■ ■ ■ ■ ■ ■

turbulence
[tə́ːrbjələns]

名乱気流

We are now crossing a zone of
turbulence.「現在、乱気流の場所を通過中
です」（飛行機の機長アナウンス）

🔊 **TRACK45** [441-450]

446　■ ■ ■ ■ ■ ■

slack [slǽk]

形 **たるんだ**

本来「ひもが緩んだ」で、それが人に使われ「ゆるい」→「ダラッとしている・怠慢な」／試験には出ないが、slacker は「怠け者」

447　■ ■ ■ ■ ■ ■

obnoxious
[ɑ:bnɑ́:kʃəs]

形 **すごく不快な**

「危険物・毒が目の前にある」→「煙たい・不愉快な」イメージ／Some students in my class are so obnoxious.「クラスにはウザい奴がいる」

448　■ ■ ■ ■ ■ ■

intuitively
[ɪnt(j)úːətɪvli]

intuition 名 直観
intuitive 形 直感的な

副 **直感的に**

Intuitively, I knew that my sister was hiding something.「直感的に、姉が何かを隠していると悟った」

449　■ ■ ■ ■ ■ ■

unearth [ʌnə́:rθ]

動 **発掘する**

earth「地中(に埋める)」に、反対の行為を表す un がついたもの／比喩的に「発掘する」→「明るみに出す」の意味も。

450　■ ■ ■ ■ ■ ■

infringe [ɪnfrɪ́ndʒ]

動 **侵害する**

copyright「著作権」や patent「特許」の話で頻繁に出てくる／infringe on ～「～を侵害する」

451

marital [mǽrətl]

形 結婚の

marital status「結婚状況」は、履歴書などの書類で「未婚・既婚」などを記す欄 (Single「独身」/Married「既婚」/Widowed「死別」/Divorced「離婚」) に出てくる。

452

valuation [væ̀ljuéiʃən]

名 評価

「価値 (value) をつけること」→「評価・見積り」

453

overthrow
動 [òuvərθróu] 名 [óuvərθròu]

動 転覆させる 名 転覆

「投げ (throw) 倒す・ひっくり返す (over)」/overthrow the government「政府を転覆させる」

454

setback [sétbæ̀k]

名 妨げ・挫折

「進歩している人の足を引っ張って、後ろに (back) 置く (set)」→「進行の妨げ・挫折」

455

paralyze
[pǽrəlàiz]

paralysis 名 麻痺

動 麻痺させる

「しびれ・(寒さでの) かじかみ」から、比喩的に「機能しなくなる」まで使われる/The traffic was paralyzed.「交通は麻痺した」

138

🔊 **TRACK46** [451-460]

456 ■ ■ ■ ■ ■ ■

liberate [líbərèit]

liberation 名 解放

動 解放する

「自由 (liber=liberty) にする」→「解放・釈放する」／The city was liberated.「その街は解放された」はロシアのウクライナ侵攻でよく使われた。

457 ■ ■ ■ ■ ■ ■

allocate [ǽləkèit]

allocation 名 分配・配置

動 割り当てる

「～に (al=at) 時間・お金を置く (locate)」→「割り当てる」

458 ■ ■ ■ ■ ■ ■

receptive [rɪséptɪv]

形 受容力がある

「レシーブ (receive) に長けた」→「受容力がある・柔軟で理解力がある」

459 ■ ■ ■ ■ ■ ■

petition [pətíʃən]

名 嘆願 (書) 動 嘆願する

ニュースで頻出／petition drive「署名運動」／petition 人 to ～「人に～するよう嘆願する・申し立てる」／sign a petition「嘆願書に署名する」

460 ■ ■ ■ ■ ■ ■

menace [ménəs]

名 やっかいな人・物

高校の先生が言っていた「目 (の上) にナスが乗っていたら脅威・やっかい」で僕は覚えてしまった。

ZONE **3**

---

461 ■■■■■■

implore [ɪmplɔ́:r]

動 懇願する

ask・beg のフォーマル版／「必死に・涙ながらに」などのニュアンスがあるので、「頼む」より「懇願・哀願する」という訳語になる。

---

462 ■■■■■■

endanger [ɪndéɪndʒər]

動 危険にさらす

endangered 形 絶滅の危機にある

「危険 (danger) を中にこめる (en)」→「危険にさらす」／endangered species「絶滅危惧種」

---

463 ■■■■■■

preclude [prɪklú:d]

動 妨げる

preclusion 名 防止

「事前に (pre) 閉じてしまう (clude=close)」→「できないようにする・妨げる」／prevent と同じく、preclude 囚 from -ing「囚 が〜するのを妨げる」の形が重要。

---

464 ■■■■■■

stationary [stéɪʃənèri]

形 動かない

本来「(行商人に対して) 教会近くの売店」→「動かない店」→「動かない」／still にも同じ意味があるのでチェック／ちなみに stationery は「文房具」

---

465 ■■■■■■

premature
[prì:mət(j)úər]

形 早すぎる

「熟した (mature) 前の (pre) 状態」→「普通の基準より早い」ことを示す／premature birth「早産」

466

premeditated
[prì:médəteɪtɪd]

形 前もって考えられた

「前もって (pre) よく考え (meditate) られた（過去分詞の ed)」／「その場で衝動的にではない・よく計画された」というニュアンスを持つことも。

467

majestic [mədʒéstɪk]

majesty 名 威厳

形 威厳がある

映画・アニメでは王様・女王にやたらと "Your Majesty" と呼びかけるので、王家のような厳かなイメージを連想しよう。

468

presumably
[prɪzú:məbli]

副 たぶん

「前もって (pre) 頭の中に取り入れ (sume =assume) られる (able) ような」→「(事前に予測して) たぶん」

469

initiate [ɪníʃièɪt]

動 新たに始める・教える

initial「イニシャル」は「最初の文字」という意味があり、initiate は「最初に・新たに始める」→「(まず最初に) 教える」

470

disprove [dɪsprú:v]

動 誤りを証明する

決して「証明できない」ということではない／「誤りを証明する・反証をあげる」などの意味。

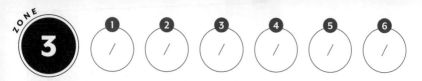

ZONE 3

① / ② / ③ / ④ / ⑤ / ⑥ /

---

471 ■■■■■■

inception [ɪnsépʃən]

名 初め・開始

origin「起源」の感じで、「何かの始まり」の
イメージ／since its inception in 2022
「2022 年の創業以来ずっと」

---

472 ■■■■■■

rebound [rɪbáund]

名 反動 動 立ち直る

バスケの「リバウンド」は「外れたシュート
が跳ね返ること」／「報いが人の身に跳ね
返る」や「立ち直る」という意味もある。

---

473 ■■■■■■

persistent
[pərsístənt]

persistence 名 固執

persist 動 固執する

形 固執するような

「ずっと残っている」イメージ／良い意味で
は「根気よい」、悪い意味では「しつこい」

---

474 ■■■■■■

monarch [má:nərk]

monarchy 名 君主制

名 君主

「単独・1 人 (mon=mono) のアーチがかかる
場所 (arch) に立つ人」→「上にたつ人」→「君
主」と考えよう／イギリスのニュースでよく
出てくる。

---

475 ■■■■■■

leverage [lévərɪdʒ]

lever 名 てこ

名 てこの作用・力

lever は「レバー・てこ」で、leverage は「て
この力」／さらに「力」→「手段」、「てこの
力は影響を与えるもの」→「影響力」などの
意味もある。

🔊 **TRACK48** [471-480]

476

articulate
動[ɑ:rtíkjəleit] 形[ɑ:rtíkjələt]

動 はっきり言う
形 はっきりした

「明瞭に言葉を発する」イメージで、単語なら「はっきり発音する」、意見なら「はっきり述べる」

477

consistency
[kɑ:nsístənsi]

consistent 形 首尾一貫した
inconsistency 名 矛盾

名 一貫性

consistency in your writing「作文における一貫性」

478

remittance
[rɪmítns]

remit 動 送る

名 送金

「商品のお返しに (re) 送る (mit)」→「送金」と考えよう／早稲田大で「暗号資産は送金しやすくなる」といった内容が出た。

479

discord [dískɔ:rd]

名 不一致

「芯 (cord : core と関係あり) から離れて (dis)」→「一致しない」→「不一致」→「意見の不一致」→「不和・論争」

480

insistent [ɪnsístənt]

insist 動 要求する・主張する
insistence 名 主張

形 しつこい

「要求する・主張する (insist) ような」→「何度も強く主張するような」→「執拗な・しつこい」

143

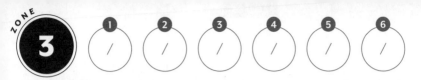

481 ▪▪▪▪▪▪

coalition [kòuəlíʃən]

名 合同

「ガチッと合体したイメージ」/「提携・合同・連合・連立」などの訳語がある。

482 ▪▪▪▪▪▪

revenge [rɪvéndʒ]

名 復讐

日本語ではスポーツの試合で「リベンジする」と軽く使われるが、英語では「復讐・仇討ち」のように深刻なイメージ。

483 ▪▪▪▪▪▪

revoke [rɪvóuk]

動 無効にする

「取り消す・無効にする・廃止する」などの意味があり、一度出した許可・決定を取り戻して、なくしてしまう感じ。

484 ▪▪▪▪▪▪

ingenuity
[ìndʒən(j)úːəti]

ingenious 形 独創的な

名 工夫・独創性

「中に (in) 天才 (genu=genius) が溢れていること」/よく「発明の才」と訳されるが、「工夫」くらいのことも多い。

485 ▪▪▪▪▪▪

amplify [ǽmpləfài]

動 拡大する

「ステレオのアンプ (amplifier)」は「音を大きくするもの」(若者にはわからないかもしれないが)

🔊 **TRACK49** [481-490]

486

ruthless [rúːθləs]

形 無慈悲な・冷酷な

本来「慈悲・哀れみを持たない」／
a ruthless dictator「冷酷な独裁者」

487

incisive [ɪnsáɪsɪv]

形 切れがいい・的を射た

「スパッとキレキレ」なイメージ／「鋭利で
切れがいい」→「的を射た・てきぱきした」

488

sarcastic [sɑːrkǽstɪk]

形 皮肉な

a sarcastic comment「皮肉を含んだコメン
ト」

sarcasm 名 皮肉

489

existence [ɪgzístəns]

名 存在・生存

「外へ (ex) 立つ (sist=stand) こと」→「世に
存在すること」→「存在・生存」／go out of
existence「滅びる」

existing 形 存在する
exist 動 存在する

490

segregate [séɡrəgèit]

動 分離する・差別する

「分離・隔離して差別する」イメージ／人種
問題に関する英文で出てくる。

segregation 名 分離

491 ■■■■■■

mediate [míːdièιt]

mediation 名 仲裁

動 仲裁する

「間・中間 (medi) にいる」→「間に立って仲裁・調停する」／meditate「瞑想する」(p.209の757) と混同しないように注意。

492 ■■■■■■

serene [səríːn]

形 穏やかな

本来「空が澄んで、うららかな」→「穏やかな・落ち着いた」

493 ■■■■■■

pacify [pǽsəfàι]

動 なだめる

「平和 (pac=peace) な状態にする」→「鎮圧する」→「なだめる」

494 ■■■■■■

showdown [ʃóudàun]

名 最終決着

「トランプで、持っているカードを下に (down) 置いて、相手に見せる (show) 状態」→「最後の勝負をすること」

495 ■■■■■■

obedient [oubíːdiənt]

obedience 名 服従

形 従順な

「従う (obedi=obey) 性質の (ent)」→「従順な・素直な」／an obedient dog「よく言うことを聞く犬」

🔊 **TRACK50** [491-500]

496 ■■■■■■

sluggish [slʌ́gɪʃ]

形 不景気な

「ジトーッと動く・グズグズする」イメージ／「のろい・鈍い・不景気な」／sluggish economy「低迷した景気」

497 ■■■■■■

compensation
[kà:mpənséɪʃən]

compensate 動 埋め合わせをする

名 埋め合わせ・報酬

「埋め合わせる (compensate) こと」→「埋め合わせ・補償（金）」→「会社が社員に埋め合わせするもの」→「報酬」

498 ■■■■■■

soothing [súːðɪŋ]

soothe 動 落ち着かせる

形 落ち着かせる

「なめらかに・なだらかに落ち着かせていく・心が安らぐ」ようなイメージ／a soothing voice「(聞くと) 落ち着く声」

499 ■■■■■■

mobilize [móubəlàɪz]

動 動員する

「動かして (mobi=mobile) 集める」→「動員する・結集する」

500 ■■■■■■

inscription
[ɪnskrípʃən]

inscribe 動 (文字などを) 刻む

名 刻むこと

「石の中に (in) 書くこと (scription)」→「刻むこと」

147

ZONE 3

1 / 2 / 3 / 4 / 5 / 6 /

---

501 ■ ■ ■ ■ ■ ■

preference
[préfərəns]

preferable 形 好ましい

名 好み

本来「2つのものを比べて、〜のほうを好む」／「他よりも好むこと」と訳されるが、単に「好み」でOKなことが多い／my preference「私の好み」

---

502 ■ ■ ■ ■ ■ ■

stifle [stáifl]

動 抑える

本来「窒息させる」→「息を抑える」→「(あくびなどの生理現象や感情を) 抑える」

---

503 ■ ■ ■ ■ ■ ■

accordance
[əkɔ́:rdns]

名 一致

よく使われる熟語の in accordance with 〜「〜に一致 (accordance with) した状態で (in)」→「〜に従って・応じて」が重要。

---

504 ■ ■ ■ ■ ■ ■

straighten [stréitn]

動 まっすぐにする

「まっすぐ (straight) にする (en)」／straighten one's back「背筋をピンと伸ばす」

---

505 ■ ■ ■ ■ ■ ■

coherent [kouhíərənt]

incoherent 形 首尾一貫しない・
しどろもどろの

形 首尾一貫した

本来「くっついた」で、「本筋に常にくっついた」→「首尾一貫した」

148

506 ■■■■■■

sturdy [stə́:rdi]

形 丈夫な

商品の宣伝文句で sturdy を使って「丈夫さ」をアピールすることがある／a sturdy binder「丈夫なバインダー」

507 ■■■■■■

indefinite [ɪndéfənət]

indefinitely 副 無期限に

形 漠然とした

「明確でハッキリした (definite) 状態ではない (否定の in)」／入試では重要ではないが「不定冠詞 (a・an)」は indefinite article

508 ■■■■■■

susceptible [səséptəbl]

形 影響を受けやすい

「周りからの影響をキャッチしやすい」イメージ／be susceptible to ~「~に対して影響を受けやすい・~にかかりやすい (感染しやすい)」

509 ■■■■■■

monopolize ⊕ [məná:pəlàɪz]

monopoly 名 独占

動 独占する

mono は「1つの」という意味／ボードゲーム "Monopoly" は「不動産独占を目指すゲーム」

510 ■■■■■■

taint [téɪnt]

動 汚染する 名 汚点

本来「染める」→「汚染する・腐らせる・悪いものに染める」／tainted beef「傷んだ牛肉」

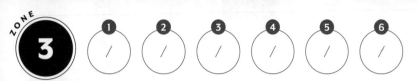

511

wilderness [wíldərnəs]

wild 形 野生の

名 荒野

「wild な状態」から意味は難しくないだろうが、wild の発音につられないように（僕が慶應大1年のとき、この単語をきちんと読めない同級生が何人もいた）。

512

tranquil [trǽŋkwɪl]

tranquilize 動 静かにする
tranquilizer 名 鎮静剤

形 穏やかな

quil の部分は quit「やめる」や quiet「静かな」と関連があり、「やめて静かに」という感じ。

513

interference
[ìntərfíərəns]

interfere 動 干渉する

名 干渉・妨害

「ちょこちょこと口を出したり、手を出したりする」ようなイメージ／野球で「インターフェア」は「打撃妨害」のこと。

514

tumble [tʌ́mbl]

動 転ぶ 名 転倒

コーヒーを入れる「タンブラー (tumbler)」は「取っ手がなく丸いので転がる入れ物」と考えよう／tumble down the hill「坂を転がり落ちる」

515

nudge [nʌ́dʒ]

動 ひじで突く・説得する
名 （ひじで）突くこと・説得

「ひじで軽くつつく」→「合図する」、「ひじでつついてせかす」→「説得する」（北海道大などでこの意味で出題済）

🔊 **TRACK52** [511-520]

516 ■ ■ ■ ■ ■ ■

unanimous
[ju(:)nǽnəməs]

unanimously 副 満場一致で

形 満場一致の

un (=uni)「1つの」に注目して「心が1つの」→「満場一致の」と考えればOK／reach a unanimous decision「満場一致の決定に至る」

517 ■ ■ ■ ■ ■ ■

overly [óuvərli]

副 あまりに

「オーバー (over) に」→「度を越えて・あまりに」／be overly concerned about ～「～を過度に心配する」

518 ■ ■ ■ ■ ■ ■

quarantine
[kwɔ́:rəntì:n]

名 隔離・検疫

空港で見かける単語／コロナウイルスなどの予防・封じ込めのための隔離に使われる／a 14-day quarantine period「14日間の隔離期間」

519 ■ ■ ■ ■ ■ ■

outsmart
[àutsmá:rt]

smart 形 賢い

動 知性で負かす

"out+X" の形は「～よりも、もっと動詞だ」という法則がある（例：outpace「～より速いペースで進む」）／AI will outsmart us.「人工知能は我々人間を知性で負かすだろう」

520 ■ ■ ■ ■ ■ ■

underfed [ʌ̀ndərféd]

形 栄養不足の

「十分に食事を与えられている (fed) 基準の下 (under) にいる」／fed は feed「食事を与える」の過去分詞。

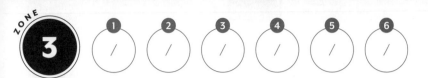

521 ■ ■ ■ ■ ■ ■

ominous [á:mənəs]

形 不吉な

「悪い前兆（omin=omen「前兆」）がある」→「不吉な」／「すごく暗い雨雲とカラスを見たとき」をイメージ。

522 ■ ■ ■ ■ ■ ■

unsociable
[ʌnsóuʃəbl]

形 社交的ではない

「陰キャ」

523 ■ ■ ■ ■ ■ ■

correspondence
[kɔ̀:rəspá:ndəns]

correspond 動 一致する・相当する・（メールや手紙で）連絡する
correspondent 名 通信員

名 一致・文書・コミュニケーション

「相手にピタッと一致」→「相手とのやりとり」→「文書・コミュニケーション」／correspondence by e-mail「メールでのやりとり」

524 ■ ■ ■ ■ ■ ■

upbringing
[ápbrìŋiŋ]

名 養育

bring up「育てる」からできた名詞／「養育・教育法・しつけ」／a good upbringing「優れたしつけ」

525 ■ ■ ■ ■ ■ ■

amend [əménd]

amendment 名 修正

動 修正する

mend「直す」と関連あり／amend the Constitution「憲法を改正する」

🔊 **TRACK53** [521-530]

526 ■■■■■■

upstart [ʌ́pstɑːrt]

名 成り上がり

start には本来「急に」というニュアンスがあり、「急に (start) 上に (up) いく人・会社」と考えれば OK ／ビジネス関連のニュースでよく出てくる。

527 ■■■■■■

viable [váiəbl]

viability 名 実行可能性

形 実行可能な

「現実に生きる (vi=live) ことができる (able)」→「実現・実行できる」／ feasible (p.82 の 223) とセットで押さえよう。

528 ■■■■■■

shortcoming
[ʃɔ́ːrtkʌ̀mɪŋ]

名 欠点

come short は「到達点まで短い」→「基準に達しない」→「欠点がある」イメージ。

529 ■■■■■■

intimidate
[ɪntímədèɪt]

intimidation 名 脅し

動 脅す

timid は「臆病な」という意味／似た意味 frighten「怖がらせる」と threaten「脅す」とセットで覚えておこう。

530 ■■■■■■

yardstick [jáːrdstìk]

名 基準

「1 ヤード (約 90cm) の定規」のことだが、比喩的に「基準」で使われることが多い。

531

stout [stáut]

形 頑丈な

「ガタイのいい」感じ／「頑丈な・強い」という意味の他に、fat「太った」を遠回しにするときにも使われる。

532

ceasefire [síːsfáɪər]

名 停戦・休戦

cease「止める」と fire「発砲」がくっついた単語／従来の入試では軽視されるがニュースで頻繁に出てくる。

533

perseverance [pə̀ːrsəvíərəns]

名 忍耐力

「パーフェクトに (per) 厳しい (severe)」→「超厳しい状態を切り抜ける忍耐力」と覚えよう／君たちがこの本で身につける力でもある。

534

uproot [ʌprúːt]

動 根絶する

「上に (up) 根っこ (root) を持ち上げる」→「根こそぎ引き抜く」→「根絶する」→「強制退去させる」

535

rivalry [ráɪvlri]

名 競争

「ライバルである状態」ということ。

rival 名 ライバル
動 ライバル視する・匹敵する

🔊 **TRACK54** [531-540]

536 ■ ■ ■ ■ ■ ■

redundant
[rɪdʌ́ndənt]

redundancy 图冗長

形 冗長な

「何度も」の re と dundan で「ダンダン」と繰り返すことから「余分な・冗長な・不要な」と考えよう／英作文の添削の時にネイティブがよく使う。

537 ■ ■ ■ ■ ■ ■

assort [əsɔ́:rt]

動 分類する

「それぞれの種類 (sort=kind) に分ける」→「分類する」

538 ■ ■ ■ ■ ■ ■

assorted [əsɔ́:rtɪd]

形 各種組み合わせの

「種類別に分類 (assort) された (過去分詞の ed)」／高級チョコレートやお菓子の「詰め合わせ」に assorted と書かれていることがある。

539 ■ ■ ■ ■ ■ ■

breakup [bréɪkʌ̀p]

名 別れ

break up「粉々に壊れる」からできた名詞／人間関係に使われることが多く、「別れ・解散・離別」などの訳語がある。

540 ■ ■ ■ ■ ■ ■

reconstruction
[rì:kənstrʌ́kʃən]

名 再建

「再び (re) 作る (construct) こと」→「再建・復元・再編成」／under reconstruction「再建中」

541

retaliation
[rɪtæliéɪʃən]

名 報復

国際紛争などのニュースで使われる/in retaliation「報復として」

retaliate 動 報復する

542

coarse [kɔ́:rs]

形 粗い・雑な

「雑・手抜きされた・入念に手入れされては いない」感じ。

543

strenuous [strénjuəs]

形 精力的な

「力 (strenu=strength) が あ る」/avoid strenuous exercise for a week「一週間は 激しい運動をしない」(医療の場面で)

strenuously 副 熱心に

544

smuggle [smʌ́gl]

動 密輸する

smuggle heroin「ヘロイン (麻薬) を密輸す る」

545

compile [kəmpáil]

動 まとめる

「一緒に (com) 押す・印刷する (pile=press)」 →「まとめる・編集する」

compilation 名 編集

546 ◻◻◻◻◻◻

rejoice [rɪdʒɔ́ɪs]

動 大喜びする

「繰り返す(re)ほどの喜び(joice=joy)」→「大喜びする」と考えよう／Everyone rejoiced at the news.「みんながその知らせに大喜びした」

547 ◻◻◻◻◻◻

conversion
[kənvə́:rʒən]

convert **動** 転換する
convertible **形** 変えられる

名 転換・改宗

本来「変えること」で、「転換・改装」だが、「宗教の転換」→「改宗」で使われることも。

548 ◻◻◻◻◻◻

unwittingly
[ʌnwítɪŋli]

unwitting **形** 知らない・うっかりとした

副 知らずに・うっかりと

「知る(wit)こと(ing)なしに(un)」→「知らずに・うっかりと」／wit自体は「機知・頭の回転の速さ」／英検準1級・1級どちらでもよく出る。

549 ◻◻◻◻◻◻

descent [dɪsént] 🏆

descend **動** 下降する
descendant **名** 子孫

名 下降・家系

「下がること」という意味／「先祖から家系図でだんだん下がってくるもの」→「家系・家柄」

550 ◻◻◻◻◻◻

remuneration
[rɪmjùːnəréɪʃən]

名 報酬・給料

本来「弁償・代償」だが、ビジネスの場面で「報酬・給料」で使われることが多い。

551 ■■■■■■

precaution
[prɪkɔ́:ʃən]

precautionary 形 用心の

名 用心

「前もっての (pre) 注意 (caution)」→「用心・慎重さ・予防策」／take precautions「予防措置を講じる」

552 ■■■■■■

excessive [ɪksésɪv]

excess 名 超過
exceed 動 超える

形 過度の

「～を超えて外に (ex) 行く (ceed) ような」→「基準を超えるような」→「過度の」

553 ■■■■■■

satire [sǽtaɪər]

satiric/satirical 形 風刺の

名 風刺

a political satire「政治風刺」／形容詞 satirical「風刺の」を使った、a satirical cartoon は「風刺漫画」

554 ■■■■■■

faulty [fɔ́:lti]

fault 名 欠陥

形 欠陥がある

テニスの「フォルト」は「サーブ失敗」で、名詞 fault は「失敗・欠点・責任」／名詞 fault に y がついて形容詞になったもの。

555 ■■■■■■

hasty [héɪsti]

形 急ぎの

「慌ただしく、急いでバタバタした」イメージ／a hasty decision「早まった・軽率な決定」

🔊 **TRACK56** [551-560]

556

impair [ɪmpéər]

動 損なう

「ダメージを与えて弱める」イメージ／「弱める・悪化させる・害を与える・損なう」／injure「傷つける」とセットで覚えるのもアリ。

557

impaired
[ɪmpéərd]

形 障がいがある

visually impaired「目が不自由な」

558

improper [ɪmprá:pər]

形 不適当な

proper は「適切な」で、否定の in (im) がついたもの／「その場に適切でない」から「不作法な・みっともない」などの訳語もアリ。

proper 形 適切な

559

suffocate [sʌ́fəkèɪt]

動 窒息する・息苦しくさせる

名詞 suffocation を使った avoid danger of suffocation「窒息の危険を避ける」を見かける（アメリカのビニール袋などに書いてある注意書きの一部）。

suffocating 形 息苦しい
suffocation 名 窒息

560

rigid [rídʒɪd]

形 堅い・厳格な

本来「堅い・曲げられない」→「顔・体が堅くなった」→「こわばった」、「思考が堅くなった」→「柔軟性がない」、「規則が堅い」→「厳格な」

rigidity 名 厳格

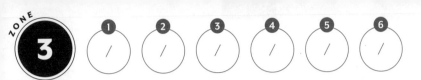

561

wreck [rék]

名 難破・事故・残骸
動 難破させる

本来は船の「難破」だが、道路にも広がり「事故」、さらに「事故の車そのもの」→「破損車・残骸」

562

invasion [ɪnvéɪʒən]

名 侵入

the Mongol invasions of Japan「元寇」(2回あったので複数形 invasions)

invade **動** 侵入する

563

jeopardy [ʤépərdi]

名 危険

本来「勝ち負けが読めない五分五分のゲーム」という意味で (jeopardy という名前のゲームもある)「負ける危険」→「危険」になった。

jeopardize **動** 危険にさらす

564

legitimacy [lɪʤítəməsi]

名 合法性

「法にかなって問題ないんだ!」という堂々としたイメージで、「合法性・正当性」という訳がある。

legitimate **形** 妥当な
動 正当性を示す

565

resistance [rɪzístəns]

名 抵抗

「抵抗勢力」のことを「レジスタンス」と言ったりする。

🔊 **TRACK57** [561-570]

566 ■■■■■■

prerequisite
[prì:rékwəzɪt]

名 前提条件

アメリカの学校では「その授業を受ける前提条件」として使われる。"Prerequisites: None"なら「前提条件なし」(Noneは「ない(全員履修可能)」)

567 ■■■■■■

materialism
[mətíəriəlìzm]

名 物質主義

「物・お金の所有を重んじる主義」のこと／materialは名詞「材料」、形容詞「物質の」／「幸福論」の長文でよく出る。

568 ■■■■■■

reckon [rékən]

動 数える・考える

「レンコンを数えて考える」と覚えよう／「数える・計算する」→「考える・思う」

569 ■■■■■■

swap [swá:p]

動 交換する 名 交換

小テストの後、採点のために隣の人と用紙を「交換する」にも使われる／switch「交換する」は「A → B」で、swapは「A ⇔ B」のイメージ。

570 ■■■■■■

noticeable
[nóutəsəbl]

形 目立つ

「気づか(notice)れることができる(able)」→「注意を引く・目立つ」／a noticeable difference「顕著な違い」

161

571 ■■■■■■

outsider [àutsáidər]

insider 名 内部の人間

名 部外者

意味は難しくないが、「部外者・よそ者」の
イメージから、文脈に適した意味で訳すと
よい (たとえば「第三者」など)。

572 ■■■■■■

unauthorized
[ʌnɔ́:θəraɪzd]

authorize 動 権限を与える

形 認可されていない

unauthorized copy「海賊版」(日本のマンガ
が海外で違法で広まっているときの話題で出て
くる)

573 ■■■■■■

perception
[pərsépʃən]

perceive 動 知覚する

名 知覚・認識

「知覚」という意味だが、特に「頭での知覚」
→「認識」の意味も大事。

574 ■■■■■■

incompatible
[ìnkəmpǽtəbl]

compatible 形 両立できる

形 相入れない

「(コンピュータのプログラムで) 互換性がな
い」イメージ (実際、その意味もある) ／「両
立しない・相入れない・気が合わない」

575 ■■■■■■

replicate
動[répləkèit] 形[répləkət]

動 複製する 形 複製された

「レプリカ (replica)」は「(本物ではない) 複
製品」／「レプリカを作る」と覚えよう。

---

576 ■■■■■■

rigorous [rígərəs]

形 厳格な

take a rigorous class「厳しい授業を取る」
（課題が多い、テストが難しい、などの大変な授業）

---

577 ■■■■■■

seclusion [sıklú:ʒən]

名 隔離

「切り離して (se) 閉じてしまう (clude=close)
こと」→「隔離」

---

578 ■■■■■■

vicinity [vısínəti]

名 近辺・近接

neighborhood の堅苦しいバージョン／in
the vicinity of ～「～の近くに」の形で出
る。

---

579 ■■■■■■

submission 🏅
[səbmíʃən]

submit 動 服従する・提出する

名 服従・提出・投稿

「服従する」→「白旗を提出する」→「提出
する」／最近は「投稿」も大事／online
submissions「ウェブ上での投稿」

---

580 ■■■■■■

subsidy [sʌ́bsədi]

名 補助金

「下に (sub) 座る (sid=sit)」→「(下から支える)
補助金」／慶應大の長文1つに10回以上
出てきたことも。

581 ■■■■■■

subsidize [sʌ́bsədàɪz]

動 補助金を与える

コロナの影響で、あちこちで耳にするように
なった印象／The government will
partially subsidize the costs.「政府が費用
の一部を負担する」

582 ■■■■■■

substandard
[sʌ̀bstǽndərd]

形 標準以下の

sub が「下」と知っていれば問題ないかと。

583 ■■■■■■

intermittent
[ìntərmítnt]

intermission **名 休憩・中断**

形 断続する

「何かの間に (inter) 送りこむ (mit) こと」→
「合間合間に・中断や休止しながら」→「断
続的な」／intermittent rain「降ったり止ん
だりする雨」

584 ■■■■■■

suspicion [səspíʃən]

suspicious **形 疑わしい**

名 疑念

「下から (sus=sub) 見る (spect) こと」→「疑っ
ているので、下から覗き見ること」→「疑い」

585 ■■■■■■

unification
[jù:nəfɪkéɪʃən]

名 統一

「1つ (uni) にすること」→「統一・統合」／
the unification of Japan「日本の統一」(日
本史で)

586 ⬛⬛⬛⬛⬛⬛

overflow
動[òuvərflóu] 名[óuvərflòu]

動 溢れ出る **名** 氾濫・流出

「境界を超えて（over）流れる（flow）」→「川が氾濫する」が本来の意味だが、「人が溢れ出る」などでも使われる。

587 ⬛⬛⬛⬛⬛⬛

vulgar [vʌlgər]

形 下品な

本来はちょっと上から目線で「庶民の・育ちが悪い」イメージ／vulgar language「下品な言葉遣い」

588 ⬛⬛⬛⬛⬛⬛

workout [wə́:rkàut]

work out **動** 体を鍛える・解決する

名 運動・練習

ジムで1セットの運動を「ワークアウト」と呼ぶことがある／a 30-minute workout「30分間の運動」

589 ⬛⬛⬛⬛⬛⬛

audible [ɔ́:dəbl]

形 聞こえる

barely audible「かろうじて聞こえる」／Amazon の Audible（本を朗読するサービス）でも使われている。

590 ⬛⬛⬛⬛⬛⬛

formalize [fɔ́:rmlàɪz]

動 形にする・正式なものにする

「form にする」なら「形にする」となり、「formal にする」なら「正式なものにする」という意味になる。

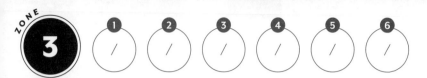

---

591 ■ ■ ■ ■ ■ ■

inheritance
[ınhérətətns]

名 相続・遺産

「自分の中に (in) 相続人 (herit=heir) をつくること」→「相続・遺産」と考えよう。

inherit **動** 相続する

---

592 ■ ■ ■ ■ ■ ■

transient
[trǽnʃənt/trǽnziənt]

形 一時的な

「移動して (trans) いく」→「通り過ぎていくような」→「一時的な」／temporary や momentary と同じ意味。

---

593 ■ ■ ■ ■ ■ ■

lunar [lúːnər]

形 月の

ローマ神話の月の女神の名前は「ルーナ」／lunar eclipse「月食」

---

594 ■ ■ ■ ■ ■ ■

perplexing 🛡
[pərpléksıŋ]

形 当惑させるような

「え…?」と迷ったり、色々考えてもまったく結論が出ないで慌てる感じ／a perplexing dream「なんだか意味のわからない夢」

perplexed **形** 混乱した
perplex **動** 当惑させる

---

595 ■ ■ ■ ■ ■ ■

questionable
[kwéstʃənəbl]

形 疑わしい

「あれこれ質問 (question) されるような」→「疑わしい」

🔊 **TRACK60** [591-600]

596 ■■■■■■

scrutiny
[skrú:təni]

名 精査・監視

「ひっかく(scrut=scratch)ような綿密なチェック」／be subject to scrutiny「監視を受ける」が京都大の下線部和訳で出題。

597 ■■■■■■

scrutinize
[skrú:tənàɪz]

動 細かく調べる

「目を凝らして、悪いものがないか入念に調べる」イメージ。

598 ■■■■■■

undeniable
[ʌndɪnáɪəbl]

形 否定できない

an undeniable fact「疑いようのない事実」

undeniably 副 紛れもなく

599 ■■■■■■

avoidance [əvɔ́ɪdəns]

名 回避

「avoid すること」→「回避」／tax avoidance「言われるがままに税金を支払うことを回避」→「節税」(ちなみに tax evasion は「脱税」)

avoid 動 避ける

600 ■■■■■■

complicate
[ká:mpləkèɪt]

動 複雑にする

complicated「複雑な」があまりにも有名だが、本来はこの動詞 complicate の過去分詞／「こじらせる・面倒にする」イメージ。

complicated 形 複雑な

次の(1)～(5)の単語の意味を、①～⑤から選びなさい。

1
(1) **salute** (2) **uproot** (3) **hasty** (4) **paralyze**
(5) **remittance**

① あいさつする・敬意を表する／あいさつ・敬礼　② 送金　③ 麻痺させる　④ 急ぎの
⑤ 根絶する

A　(1) ①　(2) ⑤　(3) ④　(4) ③　(5) ②

2
(1) **sturdy** (2) **instrumental** (3) **intuitively**
(4) **reconstruction** (5) **vicinity**

① 丈夫な　② 重要な役割を果たす・楽器の　③ 近辺・近接　④ 再建　⑤ 直感的に

A　(1) ①　(2) ②　(3) ⑤　(4) ④　(5) ③

3
(1) **rigid** (2) **unsociable** (3) **slack** (4) **improper**
(5) **subsidize**

① 補助金を与える　② 社交的ではない　③ 堅い・厳格な　④ 不適当な　⑤ たるんだ

A　(1) ③　(2) ②　(3) ⑤　(4) ④　(5) ①

4
(1) **smuggle** (2) **invasion** (3) **complicate**
(4) **soothing** (5) **implore**

① 侵入　② 懇願する　③ 密輸する　④ 複雑にする　⑤ 落ち着かせる

A　(1) ③　(2) ①　(3) ④　(4) ⑤　(5) ②

5
(1) **inception** (2) **nudge** (3) **outsider**
(4) **incompatible** (5) **scrutinize**

① 相入れない　② 細かく調べる　③ 初め・開始　④ 部外者
⑤ ひじで突く・説得する／(ひじで)突くこと・説得

A　(1) ③　(2) ⑤　(3) ④　(4) ①　(5) ②

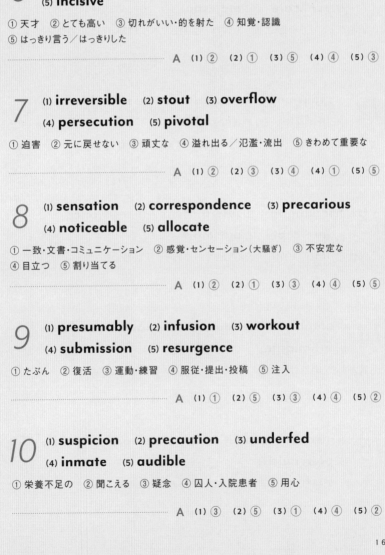

6 (1) **lofty** (2) **prodigy** (3) **articulate** (4) **perception** (5) **incisive**

① 天才 ② とても高い ③ 切れがいい・的を射た ④ 知覚・認識
⑤ はっきり言う／はっきりした

A (1) ② (2) ① (3) ⑤ (4) ④ (5) ③

7 (1) **irreversible** (2) **stout** (3) **overflow** (4) **persecution** (5) **pivotal**

① 迫害 ② 元に戻せない ③ 頑丈な ④ 溢れ出る／氾濫・流出 ⑤ きわめて重要な

A (1) ② (2) ③ (3) ④ (4) ① (5) ⑤

8 (1) **sensation** (2) **correspondence** (3) **precarious** (4) **noticeable** (5) **allocate**

① 一致・文書・コミュニケーション ② 感覚・センセーション（大騒ぎ） ③ 不安定な
④ 目立つ ⑤ 割り当てる

A (1) ② (2) ① (3) ③ (4) ④ (5) ⑤

9 (1) **presumably** (2) **infusion** (3) **workout** (4) **submission** (5) **resurgence**

① たぶん ② 復活 ③ 運動・練習 ④ 服従・提出・投稿 ⑤ 注入

A (1) ① (2) ⑤ (3) ③ (4) ④ (5) ②

10 (1) **suspicion** (2) **precaution** (3) **underfed** (4) **inmate** (5) **audible**

① 栄養不足の ② 聞こえる ③ 疑念 ④ 囚人・入院患者 ⑤ 用心

A (1) ③ (2) ⑤ (3) ① (4) ④ (5) ②

次の(1)～(5)の単語の意味を、① ～ ⑤ から選びなさい。

11

(1) **retaliation**　(2) **endanger**　(3) **inheritance**
(4) **replicate**　(5) **majestic**

① 威厳がある　② 相続・遺産　③ 報復　④ 複製する／複製された　⑤ 危険にさらす

A　(1) ③　(2) ⑤　(3) ②　(4) ④　(5) ①

12

(1) **mourning**　(2) **accordance**　(3) **straighten**
(4) **initiate**　(5) **susceptible**

① まっすぐにする　② 哀悼　③ 新たに始める・教える　④ 影響を受けやすい　⑤ 一致

A　(1) ②　(2) ⑤　(3) ①　(4) ③　(5) ④

13

(1) **indefinite**　(2) **intermittent**　(3) **resistance**
(4) **intercept**　(5) **outsmart**

① 知性で負かす　② 抵抗　③ 漠然とした　④ 遮る　⑤ 断続する

A　(1) ③　(2) ⑤　(3) ②　(4) ④　(5) ①

14

(1) **amplify**　(2) **rebound**　(3) **legible**　(4) **revenge**
(5) **intimidate**

① 拡大する　② 反動／立ち直る　③ 脅す　④ 読みやすい　⑤ 復讐

A　(1) ①　(2) ②　(3) ④　(4) ⑤　(5) ③

15

(1) **menace**　(2) **politically**　(3) **upstart**　(4) **pacify**
(5) **prerequisite**

① やっかいな人・物　② なだめる　③ 成り上がり　④ 前提条件　⑤ 政治的に・賢明に

A　(1) ①　(2) ⑤　(3) ③　(4) ②　(5) ④

16
(1) leftovers (2) mob (3) disorient (4) surveillance (5) scrutiny

① 監視 ② 精査・監視 ③ 群衆・暴徒／(群れをなして)襲う ④ 残りもの
⑤ 方向を失わせる・混乱させる

A (1) ④ (2) ③ (3) ⑤ (4) ① (5) ②

17
(1) segregate (2) rigorous (3) discord (4) offset (5) unanimous

① 分離する・差別する ② 相殺する／相殺(するもの) ③ 満場一致の ④ 厳格な
⑤ 不一致

A (1) ① (2) ④ (3) ⑤ (4) ② (5) ③

18
(1) sluggish (2) impair (3) premature (4) coherent (5) ruthless

① 不景気な ② 早すぎる ③ 無慈悲な・冷酷な ④ 首尾一貫した ⑤ 損なう

A (1) ① (2) ⑤ (3) ② (4) ④ (5) ③

19
(1) obedient (2) marital (3) coarse (4) mediocre (5) mingle

① 混ぜる・交際する ② 平凡な ③ 粗い・雑な ④ 結婚の ⑤ 従順な

A (1) ⑤ (2) ④ (3) ③ (4) ② (5) ①

20
(1) yardstick (2) shortcoming (3) seclusion (4) implicate (5) questionable

① 隔離 ② 欠点 ③ 関係させる ④ 疑わしい ⑤ 基準

A (1) ⑤ (2) ② (3) ① (4) ③ (5) ④

Set 1 / Set 2 / Set 3 / Set 4 / Set 5 / Set 6

次の(1)～(5)の単語の意味を、① ～⑤ から選びなさい。

21
(1) **populous**　(2) **unwittingly**　(3) **avoidance**
(4) **suffocate**　(5) **upbringing**

① 養育　② 窒息する・息苦しくさせる　③ 人口の多い　④ 知らずに・うっかりと　⑤ 回避

A　(1) ③　(2) ④　(3) ⑤　(4) ②　(5) ①

22
(1) **redundant**　(2) **existence**　(3) **undeniable**
(4) **insistent**　(5) **taint**

① 冗長な　② 汚染する／汚点　③ しつこい　④ 存在・生存　⑤ 否定できない

A　(1) ①　(2) ④　(3) ⑤　(4) ③　(5) ②

23
(1) **magnify**　(2) **overdue**　(3) **perseverance**　(4) **overly**
(5) **faulty**

① 拡大する　② 忍耐力　③ 期限を過ぎた　④ あまりに　⑤ 欠陥がある

A　(1) ①　(2) ③　(3) ②　(4) ④　(5) ⑤

24
(1) **mediate**　(2) **assorted**　(3) **valuation**
(4) **tranquil**　(5) **ingenuity**

① 評価　② 工夫・独創性　③ 仲裁する　④ 穏やかな　⑤ 各種組み合わせの

A　(1) ③　(2) ⑤　(3) ①　(4) ④　(5) ②

25
(1) **interference**　(2) **leverage**　(3) **jeopardy**
(4) **quarantine**　(5) **petition**

① 干渉・妨害　② てこの作用・力　③ 隔離・検疫　④ 嘆願（書）／嘆願する　⑤ 危険

A　(1) ①　(2) ②　(3) ⑤　(4) ③　(5) ④

Set 1   Set 2   Set 3   Set 4   Set 5   Set 6

/   /   /   /   /   /

26
(1) **spiral**　(2) **outburst**　(3) **standby**　(4) **rivalry**
(5) **premeditated**

① 前もって考えられた　② らせん／らせん状の／上昇する　③ 交替要員・味方
④ 爆発　⑤ 競争

A　(1) ②　(2) ④　(3) ③　(4) ⑤　(5) ①

27
(1) **turbulence**　(2) **breakup**　(3) **memoir**　(4) **subsidy**
(5) **imposition**

① 乱気流　② 自伝・伝記　③ 課すこと　④ 補助金　⑤ 別れ

A　(1) ①　(2) ⑤　(3) ②　(4) ④　(5) ③

28
(1) **showdown**　(2) **materialism**　(3) **impersonate**
(4) **ominous**　(5) **unearth**

① 不吉な　② 扮する　③ 最終決着　④ 物質主義　⑤ 発掘する

A　(1) ③　(2) ④　(3) ②　(4) ①　(5) ⑤

29
(1) **lunar**　(2) **monopolize**　(3) **sarcastic**
(4) **incriminate**　(5) **assort**

① 月の　② 独占する　③ 罪を負わせる　④ 皮肉な　⑤ 分類する

A　(1) ①　(2) ②　(3) ④　(4) ③　(5) ⑤

30
(1) **ransom**　(2) **rejoice**　(3) **excessive**　(4) **nomadic**
(5) **tumble**

① 大喜びする　② 遊牧民の　③ 身代金　④ 過度の　⑤ 転ぶ／転倒

A　(1) ③　(2) ①　(3) ④　(4) ②　(5) ⑤

次の(1)〜(5)の単語の意味を、①〜⑤から選びなさい。

31
(1) redeem　(2) substandard　(3) disprove
(4) obnoxious　(5) incidentally

① 取り戻す　② 標準以下の　③ 偶然に・ところで　④ すごく不快な　⑤ 誤りを証明する

A　(1)①　(2)②　(3)⑤　(4)④　(5)③

32
(1) amend　(2) compensation　(3) unification
(4) stationary　(5) revoke

① 埋め合わせ・報酬　② 修正する　③ 動かない　④ 無効にする　⑤ 統一

A　(1)②　(2)①　(3)⑤　(4)③　(5)④

33
(1) setback　(2) indebted　(3) reckon　(4) transient
(5) legitimacy

① 妨げ・挫折　② 一時的な　③ 恩を受けている　④ 合法性　⑤ 数える・考える

A　(1)①　(2)③　(3)⑤　(4)②　(5)④

34
(1) infringe　(2) peril　(3) overthrow
(4) consistency　(5) impaired

① 一貫性　② 侵害する　③ 危険　④ 障がいがある　⑤ 転覆させる／転覆

A　(1)②　(2)③　(3)⑤　(4)①　(5)④

35
(1) persistent　(2) ceasefire　(3) stifle　(4) lenient
(5) viable

① 寛大な　② 固執するような　③ 抑える　④ 実行可能な　⑤ 停戦・休戦

A　(1)②　(2)⑤　(3)③　(4)①　(5)④

36
(1) **vulgar** (2) **serene** (3) **negate** (4) **receptive**
(5) **conversion**

① 転換・改宗　② 否定する・取り消す　③ 受容力がある　④ 穏やかな　⑤ 下品な

A　(1) ⑤　(2) ④　(3) ②　(4) ③　(5) ①

37
(1) **compile** (2) **unauthorized** (3) **satire** (4) **swap**
(5) **preference**

① 交換する／交換　② 風刺　③ まとめる　④ 認可されていない　⑤ 好み

A　(1) ③　(2) ④　(3) ②　(4) ①　(5) ⑤

38
(1) **mellow** (2) **mobilize** (3) **monarch** (4) **formalize**
(5) **preclude**

① 妨げる　② 君主　③ 形にする・正式なものにする　④ 動員する
⑤ (性格が)円熟した・まろやかな

A　(1) ⑤　(2) ④　(3) ②　(4) ③　(5) ①

39
(1) **strenuous** (2) **coalition** (3) **remuneration**
(4) **wreck** (5) **lethal**

① 難破・事故・残骸／難破させる　② 報酬・給料　③ 致命的な　④ 精力的な　⑤ 合同

A　(1) ④　(2) ⑤　(3) ②　(4) ①　(5) ③

40
(1) **inscription** (2) **wilderness** (3) **liberate**
(4) **descent** (5) **perplexing**

① 下降・家系　② 刻むこと　③ 当惑させるような　④ 解放する　⑤ 荒野

A　(1) ②　(2) ⑤　(3) ④　(4) ①　(5) ③

東大理三合格の子が証明してくれた

　大学卒業後に講師として働き始めたのは、当時新宿区にあった「東大・難関大専門」の英語塾でした。そこには開成や桜蔭など文字通り日本トップクラスの生徒しかいませんでした。

　夏休み前に東大志望者のクラスで、1ヵ月1000単語習得法の話をしました。その中の1人の男子生徒（開成の中3生）が、食事の席でその方法をご家族に伝えたらしく、お母さんが計画表（単語帳の単語をすべて書き出し、1セット目〜6セット目まで、○×を書き込む表）を、塾のFAXに送って、毎回結果を報告してくれました（2000年の出来事なのでFAXが便利な手段でした）。

　いくら天下の開成といえどもまだ中3で、一般の単語帳には知らない単語だらけでした。僕の説明通り最初の1〜3回目ではまったく成果が出ませんでした。とはいえ、お母さんの「関先生の言う通り、結果が出ませんね。でも今後が楽しみです」というメッセージに猛烈なプレッシャーを感じながらも、言われたことはきちんとやる子だったので「まあ大丈夫だろ」と思っていたら、5回目にしっかりとブレイクしたのです（6回目で「終了！」とのメッセージが来ました）。

　後に彼は東大理三に合格したのですが、彼のような超成績優秀者も、単語に関しては普通の子と同じ伸び方をすると知れたのは、講師として大変貴重な経験でした。

ZONE

4

[単語601〜800]

	DATE	NOTE
Set 1	/	
Set 2	/	
Set 3	/	
Set 4	/	
Set 5	/	
Set 6	/	

601
customary
[kʌ́stəmèri]

custom 名慣習

形 習慣的な

It is customary for 人 to ～「～するのが人の習慣だ」／ちなみに副詞形はcustomarily「習慣的に」

602
dormant [dɔ́:rmənt]

形 休眠状態の

「眠る(dorm)ような」→「眠っている・冬眠中の・(火山が)活動していない」／dormitory「寄宿舎・寮」は本来「眠る(dorm)場所」

603
ethnicity [eθnísəti]

ethnic 形 民族の・人種の

名 民族性・民族意識

race and ethnicity「人種と民族性」(raceは肌の色などの生物学的特徴、ethnicityは国籍・宗教・言語などに関連する特徴)

604
irrational [ɪrǽʃənl]

irrationality 名 不合理

形 不合理な

「合理的(rational)ではない(ir=否定のin)」→「不合理な・理性がない」

605
outdated [àutdéɪtɪd]

outdate 動 時代遅れにする

形 時代遅れの

「時代の(date)外(out)に置かれた」→「時代遅れの」／The Japanese word *iketeru* is outdated.「『イケてる』という日本語は、もう古い」

606

outskirts [áutskə̀:rts]

名 郊外

live on the outskirts of Hamburg「ハンブルグ郊外に住む」

607

countless [káuntləs]

count 動 数える

形 数えきれない（ほど多い）

「数えることが（count）できない（less）」→「数えられない」→「数えきれないほど多い・無数の」

608

evacuate [ɪvǽkjuèɪt]

evacuation 名 避難

動 避難させる

「外へ (e=ex) 出して空にする (vac)」→「危険な場所から避難させる」／be evacuated from their homes「家を出て避難する」

609

escalate [éskəlèɪt]

escalation 名 段階的拡大

動 徐々に増える

「エスカレートする」や「エスカレーターの階段が上がっていく」イメージ。

610

hydrogen [háɪdrədʒən]

名 水素

combine hydrogen and oxygen to make water「水素と酸素を結合させて水を作る」

611 ■ ■ ■ ■ ■ ■

occupancy
[á:kjəpənsi]

occupy 動 占める
occupant 名 占有者

名 占有

occupy の本来の意味は「占める」／high
occupancy rates「高い占有率」

612 ■ ■ ■ ■ ■ ■

selective [səléktɪv]

selection 名 選択

形 えり好みする・えり抜きの

「好き嫌いで選択する」→「えり好みする」
→「えり好みできるほど優れた」→「えり抜
きの」／highly selective colleges「難関大
学」

613 ■ ■ ■ ■ ■ ■

spectacular
[spektǽkjələr]

形 壮観な・素晴らしい
名 見世物

「見せる (spectacle) ような」→「見世物の」
→「(見世物のように) 壮観な」

614 ■ ■ ■ ■ ■ ■

atrocity [ətrá:səti]

名 残虐行為

commit atrocities「残虐行為を行う」(「いろ
いろな残虐な行為」というイメージから複数形に
なることが多い)

615 ■ ■ ■ ■ ■ ■

synchronize
[síŋkrənàɪz]

動 同時に動かす・時間を合わ
せる

synchronized swimming「シンクロナイズ
ド・スイミング」では「同時の動きにされた」
という意味。

616 ■■■■■■

vigorous [vígərəs]

形 元気が溢れる・激しい

「パワー溢れてみなぎる」イメージ／
vigorous exercise「激しい運動」

vigor 名 活力・力強さ

617 ■■■■■■

discomfort
[dɪskʌ́mfərt]

名 不快

「落ち着かない・ゆっくりできない」イメージ／cause discomfort「不快感を起こす」

618 ■■■■■■

abdicate [ǽbdɪkèɪt]

動 退位する

「大事なものを放棄する」イメージ／
abdicate as 肩書「肩書として退位する」→「肩書を退く」(肩書 には king などが入る)

619 ■■■■■■

superpower
[súːpərpàuər]

名 超大国

ニュースでよく出てくる／「超魔術」のような意味でとる受験生が多い(その意味もある)が、ほぼすべて「超大国」の意味。

620 ■■■■■■

backlash [bǽklæʃ]

名 反発

本来「器具が逆回転したり、ガタガタ揺れ始めること」だが、「民衆が騒いで地面が揺れること」→「反発」の意味でよく使われる。

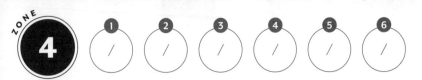

---

621 ■■■■■■

paramount
[pérəmàunt]

形 最高の・最重要の

「最重要の」というときは、paramount だけ
で使ったり、of paramount importance と
なったりする。

---

622 ■■■■■■

budding [bʌ́dɪŋ]

形 駆け出しの

本来「芽・つぼみ (bud) を出しかけている」
→「駆け出しの・新進の」／a budding
YouTuber「世に出始めたユーチューバー」

---

623 ■■■■■■

conception
[kənsépʃən]

conceive **動** 抱く

名 考え・妊娠

動詞 conceive は「抱き抱える」イメージで、
「心に抱き抱える」→「思いつく」、「子ども
を体内に抱き抱える」→「妊娠する」で、そ
の名詞形。

---

624 ■■■■■■

monetize [mɑ́:nətàɪz]

動 収益化する（マネタイズする）

辞書では「通貨と定める」などの訳語があ
るが、実際には「お金にする・収益化する」
で出る。

---

625 ■■■■■■

culmination
[kʌ̀lmənéɪʃən]

名 頂点

「頂点・絶頂・クライマックス (climax)」のイ
メージ。

626

trespass [tréspəs]

動 不法侵入する・侵害する
名 不法侵入・侵害

tread「踏む」と関連させて「踏み (tres=tread) 入る」と覚えるのもアリ／no trespassing「侵入禁止」（掲示板で使われる）

627

deceased [dɪsíːst]

形 亡くなった

dead「死んでいる」と cease「止まる」がくっついた単語と考えよう／the deceased「亡くなった人」の形が重要。

628

empower [ɪmpáuər]

動 力を与える

「権利・能力などを与える」といった訳語があるので、「力」とまとめて、後は文脈判断すれば OK／「男女平等・女性の社会進出」の話でよく使われる。

629

entail [ɪntéɪl]

動 含む・必要とする

「しっぽ (tail) の中に入る (en)」→「後ろにくっつく・伴う」→「含む・必要とする」／S entail O「S には O が必要となる」

630

rampant [rǽmpənt]

形 蔓延した

「雑草が生い茂る」→「(病気・犯罪が) 蔓延した」／Crime was rampant there.「そこでは犯罪が横行していた」

631 ■■■■■■

laud [lɔ́:d]

動 ほめる

本来「賛美歌」だが、「賞賛・ほめる」で使われることが多い／ちなみに applaud は「称賛する・拍手する」

632 ■■■■■■

fraught [frɔ́:t]

形 満ちた

本来「心にいろいろ積み込まれた」→「心配して」などの意味もあるが、「(困難など悪いものに) 満ちた」が大事／be fraught with difficulties「困難に満ちている」

633 ■■■■■■

prostitute
[prá:stɪt(j)ù:t]

名 売春婦

これまた普段の授業・教材では避けられるが、ニュースでは普通に使われるので、受験生も知っておいていいかと。

634 ■■■■■■

glitch [glítʃ]

名 軽い故障

find a glitch in the game「ゲームでの不具合を見つける」／ゲームでのバグ (不具合・軽い故障) によく使われる

635 ■■■■■■

groundbreaking
[gráundbrèɪkɪŋ]

形 画期的な

「地面 (ground) を切り開く (break) ような」→「画期的な・革新的な」／groundbreaking discovery「画期的な発見」

🔊 **TRACK64** [631-640]

636 ■■■■■■

harrowing [hérouɪŋ]

形 痛ましい

「心が切り裂かれそうな痛々しい」イメージ／a harrowing scene「悲惨な光景」

637 ■■■■■■

encompass [ɪnkʌ́mpəs]

動 取り囲む・含む

「いろいろなものを中に取り込む」イメージ／慶應大の下線部和訳で出題。

compass 名 範囲

638 ■■■■■■

ratify [rǽtəfàɪ]

動 承認する

高校のとき「批准する」という響きがカッコ良くてその訳語で覚えたが、漢字を間違えそうで後悔した記憶が。

639 ■■■■■■

testimonial [tèstəmóuniəl]

名 証明書 形 証明の

「証言 (testimony) をしてくれるもの」→「証明書」

testimony 名 証言・証拠

640 ■■■■■■

influx [ínflʌ̀ks]

名 流入

「流れ (flu) の中に (in) くる」→「流入・殺到」／the influx of immigrants「移民の流入」

641 ■■■■■■

judicial [dʒuːdíʃəl]

形 裁判の

judge「裁判官」とセットで覚えよう／（ネット関連など）新しい話題での裁判はニュースになりやすいだけに、入試でも今後注意。

642 ■■■■■■

languish [læŋgwɪʃ]

動 元気がなくなる

「グタッとくたびれた」イメージで、人なら「元気がなくなる」、景気なら「低迷する」、植物なら「しおれる」

643 ■■■■■■

forthright [fɔ́ːrθràɪt]

形 率直な

「前へ（forth）ひたすら（強調の right）」→「心がまっすぐ前へ」→「率直な」

644 ■■■■■■

makeover [méɪkòuvər]

名 改善

「化粧・メイク（make）を上から（over）直す」→「イメージチェンジ・改善」と考えよう。

645 ■■■■■■

outcry [áutkràɪ]

名 抗議

「強く（強調の out）叫ぶ（cry）」→「強く抗議する」→「抗議」／a public outcry「世間からの抗議」

646 ◾◾◾◾◾◾

blanket [blǽŋkət]

形 包括的な

「毛布」で有名だが、「毛布のように覆う」→「包括的な」／a blanket ban on e-cigarettes「電子タバコの全面的な禁止」

647 ◾◾◾◾◾◾

pitfall [pítfɔ̀:l]

名 落とし穴

pit は「穴」の意味だが、F1 の「ピット」のように「入る場所」と考えるか、「ピッとできた穴」と覚えよう。

648 ◾◾◾◾◾◾

consolidate
[kənsɑ́:lədèɪt]

動 統合する・強化する

「一緒に (con) 堅い状態 (solid) にする」→「統合する・強化する」

649 ◾◾◾◾◾◾

poach [póutʃ]

poaching 名 密猟

動 密猟する

「化粧ポーチを密猟する」と覚えよう／poaching「密猟」も大事。

650 ◾◾◾◾◾◾

courtesy [kə́:rtəsi]

courteous 形 礼儀正しい

名 礼儀正しさ

「宮廷 (court) での振る舞い」→「礼儀正しさ」(court「法廷・宮殿」)

651 ■■■■■■

glaring [gléərɪŋ]

形 ギラギラ輝く

the glaring sun「ギラギラ輝く太陽」／「にらみつけるような」という意味もあるが、「ギラッとした目で見るような」ということ。

652 ■■■■■■

protagonist [proutǽgənɪst]

名 主人公

The book's protagonist is a 17-year-old girl.「その本の主人公は17歳の女の子だ」

653 ■■■■■■

exodus [éksədəs]

名 大移動

大文字 Exodus は「(旧約聖書の) 出エジプト記」を表す。

654 ■■■■■■

impeachment [ɪmpíːʧmənt]

名 告発・弾劾

an impeachment trial「弾劾裁判」(たとえば2021年2月のトランプ元アメリカ大統領の件)

655 ■■■■■■

rationale [ræ̀ʃənǽl]

名 根拠

「理論的なきちんとした根拠」というイメージ。

🔊 **TRACK66** [651-660]

---

656 ■■■■■■□

reiterate [ríítərèit]

動 繰り返し言う

repeat のフォーマル版／大事なことを何回も繰り返すときによく使われる／ニュースでも超頻出。

---

657 ■■■■■■□

juvenile [dʒú:vənàil]

形 少年少女の・若い
名 青少年

「大人に達していない」イメージ／イタリアの名門サッカーチーム『ユベントス(Juventus)』は juvenile に由来。

---

658 ■■■■■■□

rejuvenate
[rɪdʒú:vənèit]

動 元気にする・新品状態にする

feel rejuvenated「まるで生き返ったような気分」

---

659 ■■■■■■□

repatriation
[rì:peɪtrɪéɪʃən]

名 送還

「再び (re) 母国 (本国) になること」→「本国へ帰すこと」で、「本国への送還」を表す。

---

660 ■■■■■■□

stigma [stígmə]

名 汚名

本来「入れ墨・奴隷への焼き印」→「傷跡」→「不名誉・汚名」／若者のタトゥーも日本ではまだまだマイナスイメージが強い。

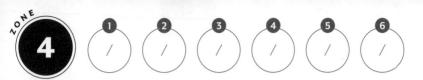
---

661 ■■■■■■

tenure [ténjər]

名 在職期間

「在職の期間」という意味で十分だが、アメリカの大学では「定年までの在職期間」→「終身在職の権利」で使われる。

---

662 ■■■■■■

turnaround [tə́:rnəràund]

名 方向転換・好転

「沈んでいったものが向きを変えて (turn) ぐるっと (around) 戻ってくる」→「方向転換・好転」／turn around「好転する」という熟語もある。

---

663 ■■■■■■

upheaval [ʌphí:vl]

名 大変動

「ボコッと上がったもの」→「ボコボコ持ち上がったもの」→「大変動」

---

664 ■■■■■■

vandalism [vǽndəlìzm]

名 破壊行為・落書き

辞書では「芸術品・公共物・私物などへの破壊行為」と訳されるが、「公共物への落書き」を示すことが多い。

---

665 ■■■■■■

bolster [bóulstər]

動 強化する

「支えをつけて強固にする」イメージ／ヨガで使う「ボルスター」は「体を支える（姿勢を強化する）クッション」

◁: **TRACK67** [661-670]

666 ■ ■ ■ ■ ■ ■

classified [klǽsəfàɪd]

形 極秘の

「クラスごとに分類 (class) された」→「大事なものだけ分類された」/classified document「極秘文書」

667 ■ ■ ■ ■ ■ ■

intensify [ɪnténsəfàɪ]

動 強める

intense「激しい」は「グッと力を入れて熱が込もった」イメージ/その動詞形なので「グッと力を入れて強める」

668 ■ ■ ■ ■ ■ ■

lawmaker [lɔ́:mèɪkər]

名 議員

文字通りには「法律(law)を作る人(maker)」→「立法者」だが、ニュースでは単に「議員・政治家」の意味でよく使われる。

669 ■ ■ ■ ■ ■ ■

referendum [rèfəréndəm]

名 国民投票

国の方針に関して「国民が審判・レフリー(referee)になること」→「国民投票」と考えよう。

670 ■ ■ ■ ■ ■ ■

testament [téstəmənt]

名 聖書・遺言

大文字 Testament で「聖書」の意味/「聖書」→「後世に残す教え」→「遺言」

671 ■■■■■■

morale [mərǽl]

名 士気（やる気）

moral「モラル・道徳心」と勘違いした誤訳が多い（参考書で見たことも）／low morale「士気が低い」

672 ■■■■■■

populism [pá:pjəlìzm]

名 民衆主義

本来は農民の利益を目指す政策／もはや「ポピュリズム」と使われる。

673 ■■■■■■

platform
[plǽtfɔ:rm]

名 駅のホーム・壇・（コンピューターやSNSの）プラットフォーム

ネットやサービスを展開する土台（その環境）のこと／favorite social media platform なら「好きな（個々の）SNS」（social media は「SNS全般」）

674 ■■■■■■

deadlock [dédlà:k]

名 こう着状態

「完全に（dead）ロック（lock）された」→「こう着状態」／ちなみに deadend は「行き止まり・行き詰まり」

675 ■■■■■■

glossary [glá:səri]

名 用語集

「専門用語などの解説・用語集」のことで、海外の文献には巻末に glossary がついていることがよくある。

676 ■ ■ ■ ■ ■ ■

hoarse [hɔ́:rs]

形 (声が)かすれた

発音は horse「馬」と同じなので「馬の声が
かすれている」と覚えよう/hoarse voice
「かすれた声」

677 ■ ■ ■ ■ ■ ■

sparse [spá:rs]

形 まばらな

spread「広げる」とセットで、sparse は「広
げられて (spread されて) まばらになった」
と覚えよう。

678 ■ ■ ■ ■ ■ ■

accounting
[əkáuntɪŋ]

名 会計

「お金を数える (count) こと」→「会計・経理」
/アメリカの高校では accounting の授業
があったりする。

679 ■ ■ ■ ■ ■ ■

disclosure [dɪsklóuʒər]

名 開示

「閉ざしている (close) の反対 (dis)」→「公
開・開示・暴露」/「ディスクロージャー」
は「(会社の) 情報公開」

disclose 動 明らかにする

680 ■ ■ ■ ■ ■ ■

suspension
[səspénʃən]

名 保留・停学

「ブラブラして決まらない・横に置いてお
く」イメージ/suspension bridge「吊り橋」

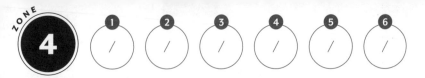

681

denial [dɪnáɪəl]

deny 動 否定する

名 否定

難関大になると、「deny の名詞形」を書か
せることまであるので、この単語だけはつ
づりまできっちりと。

682

slump [slʌ́mp]

名 不調・不況

「受験のスランプ」は「不調」の意味だが、
英語 slump は「景気のスランプ」→「不況」
の意味も大事。

683

blast [blǽst]

名 爆破
動 爆破する・打ち上げる

「風が激しく吹く (blow)」→「爆発する」／
Three... two... one... blast off!「(ロケット
の打ち上げ) 3… 2… 1… 発射!」

684

compulsive [kəmpʌ́lsɪv]

compel 動 強制する

形 強制的な

心理学などで「強制的な」→「強迫性の」で
使われる／compulsive gambling「ギャン
ブル依存症」

685

dismissal [dɪsmísl]

dismiss 動 解雇する

名 解雇

「離れたところへ (dis) 送る (miss) こと」→「退
去・解雇」

🔈 **TRACK69** [681-690]

---

686 ■■■■■■

eventful [ɪvéntfl]

形 波乱万丈な・重大な

「出来事・イベント (event) で満ちた (ful)」
→「波乱に富んだ」→「(色々な出来事が起きるほど) 重大な」

---

687 ■■■■■■

fallacy [fæləsi]

名 誤謬
　ごびゅう

「偽の (false) 状態」→「誤謬 (ついやってしまう誤った考え)」／東大・慶應大の難しい長文問題で出ている。

---

688 ■■■■■■

intolerable
[ɪntá:lərəbl]

tolerate 動 我慢する

形 耐えられない

「我慢 (tolerate) されることができ (able) ない (in)」／intolerable pain「耐えがたい痛み」

---

689 ■■■■■■

invariably [ɪnvéəriəbli]

vary 動 変化する
variable 形 変わりやすい

副 必ず・いつも

「変わりやすい (variable) ことがなく (否定の in)」→「必ず・いつも」

---

690 ■■■■■■

justification
[dʒʌ̀stəfɪkéɪʃən]

justify 動 正当化する

名 正当化

「公平な・正当な (just) ようにすること」／
There is no justification in -ing「～することにおいて正当化することはできない」

---

691 ▪▪▪▪▪▪

oversight [óuvərsàit]

oversee 動 監督する

名 監督・見落とし

「上から覆うように (over) 見ること (sight)」
→「監督」、「つい向こうを (over) 見ること」
→「見落とし」という 2 つの意味に注意。

692 ▪▪▪▪▪▪

quaint [kwéint]

形 古風で趣がある

acquaint「知らせる・知り合いにさせる」
(p.199 の 710) と関連があり、本来「よく知
られた」→「昔からよく知られた」→「古風
で趣がある」と考えよう。

693 ▪▪▪▪▪▪

souvenir [sù:vəníər]

名 (自分への) 記念品・おみや
げ

元々フランス語なので発音が難しい／一部
の遊園地の「おみやげ売り場」には「スーベ
ニア」と書かれている。

694 ▪▪▪▪▪▪

tremor [trémər]

名 揺れ・震え

音楽用語「トレモロ (tremolo)」=「同じ高さ
の音を震えるような小刻みに音を出すこと」
も関連がある (元々はイタリア語)。

695 ▪▪▪▪▪▪

underdog [ʌ́ndərdɔ̀:g]

名 負け犬

「下の・劣る (under) 犬 (dog)」→「負け犬・
敗北者」／「アンダードッグ効果」は「負け
そうな方を応援したくなる効果」で選挙の
ニュースで出てくる。

696 ■ ■ ■ ■ ■ ■

analytical
[ǽnəlítɪkl]

analyze 動 分析する

形 分析の

「SNS のデータ分析」を「アナリティクス」（analytics「解析学」）というので、それと関連させて覚えるのもアリ。

697 ■ ■ ■ ■ ■ ■

authorization
[ɔ̀:θərəzéɪʃən]

authority 名 権威・権威者
authorize 動 権限を与える

名 認可

「権威者（authority）が認める」→「公認・許可・認可」

698 ■ ■ ■ ■ ■ ■

suspiciously
[səspíʃəsli]

suspect 動 疑う
suspicious 形 疑わしい

副 疑って

The cashier looked at the man suspiciously.「レジ係はその男性を疑わしげに見た」

699 ■ ■ ■ ■ ■ ■

editorial [èdɪtɔ́:riəl]

edit 動 編集する
editor 名 編集者

名 社説 形 編集の・社説の

「編集の」→「編集者（editor）などによる文章」→「論説・社説」と考えよう／英字新聞で必ず見かける単語。

700 ■ ■ ■ ■ ■ ■

publicize [pʌ́bləsàɪz]

動 公表する・宣伝する

「公な（public）状態にする」→「公表する」→「宣伝する」

ZONE
4

701 ■■■■■■

underlying
[ʌndərláɪɪŋ]

underlie 動 根底にある

形 根本的な

「根底 (under) にある (lie) ような (ing)」→「根本的な・基礎となる」／underlying medical condition「基礎疾患」

702 ■■■■■■

plaintiff [pléɪntɪf]

名 原告

plaintiff ⇔ defendant「被告」をセットにして5回口ずさもう。

703 ■■■■■■

conviction [kənvíkʃən]

convict 動 有罪判決を下す
名 囚人

名 確信・有罪

「完全に (con) 勝つ (vict=victory)」→「(心の中で完勝するほどの) 確信」

704 ■■■■■■

assertion [əsə́:rʃən]

assert 動 主張する

名 主張

her assertion that she is innocent「自分は無実だという彼女の主張」／self-assertion「自己主張」

705 ■■■■■■

hinder [híndər]

動 妨げる

hind は「後ろ」の意味があり (behind「後ろに」)、hinder は「前に進む人を後ろにひっぱる」→「妨げる」ということ。

198

🔊 **TRACK71** [701-710]

706 ■■■■■■

inhibit [ɪnhíbət]

inhibition 名 抑制

動 妨げる・抑制する

inhibit 囚 from-ing「囚が〜することを妨げる」

707 ■■■■■■

condemn [kəndém]

condemnation 名 非難

動 非難する

demn の部分は Damn!「ちくしょう!」／be condemned for making racist jokes「人種差別のジョークを言って非難される」

708 ■■■■■■

commend [kəménd]

動 褒める

有名な recommend「推薦する」は本来「何度も (re) 褒める (commend)」／commend 囚 for 〜「囚を〜の理由で褒める」

709 ■■■■■■

prosecute [prá:səkjù:t]

prosecution 名 起訴
prosecutor 名 検察官

動 起訴する

「検察官が前へ (pro) 進める・追跡する」／prosecute 囚 for 〜「囚を〜で起訴する」

710 ■■■■■■

acquaint
[əkwéɪnt]

動 知らせる・知り合いにさせる

acquaint 囚 with 物「囚に物を知らせる」／受動態 be acquainted with 〜「〜を知らされている」→「〜を知っている」

711 ☐☐☐☐☐☐

dissolve [dɪzɑ́:lv]

dissolvent 形 溶解力のある

動 溶ける・分解する

「解けて散り散りになる」イメージ／Salt dissolves in water.「塩は水に溶ける」

712 ☐☐☐☐☐☐

bar [bɑ́:r]

動 妨げる 名 障害

「バー・棒で行く手を遮る」→「妨げる・禁じる」／ちなみに寿司屋を sushi bar というのは「棒状のカウンター」から。

713 ☐☐☐☐☐☐

ascribe [əskráɪb]

動 結果を帰する

ascribe 結果 to 原因「結果 は 原因 による」の形で覚えよう／東京理科大では attribute に書き換える問題が出題 (attribute も同じ形をとる)。

714 ☐☐☐☐☐☐

crucify [krú:səfàɪ]

動 はりつけにする・虐待する

「十字架 (cross) に架けて拷問する」イメージ／『ハリーポッター』の「クルーシオ (crucio)」は相手を苦しめる呪文。

715 ☐☐☐☐☐☐

discriminating
[dɪskrímənèɪtɪŋ]

discriminate 動 区別する・差別する

形 目が利く

「平凡なものと良いものの区別ができる (discriminate) ような」→「目が利く・目が肥えた」

🔊 **TRACK72** [711-720]

716 ■■■■■■

distort [dɪstɔ́ːrt]

動 歪める

「グニャッと捻じ曲げて歪める」イメージ／distort the truth「真実をねじ曲げる」はニュースでよく使われる。

717 ■■■■■■

evoke [ɪvóuk]

動 呼び起こす

「外へ (e=ex) 呼ぶ (voke=vocal)」→「呼び起こす」／evoke memories of ～「～に関する記憶を呼び起こす」

718 ■■■■■■

flush [flʌ́ʃ]

動 水で流す・(顔が) 赤くなる

本来「どっと流れる」→「水を流す」、恥ずかしくて全身の血液が流れて「(顔が) 赤くなる」／flush the toilet「トイレの水を流す」

719 ■■■■■■

hypocrisy [hɪpáːkrəsi]

名 偽善

本来「舞台で違った役を演じる」→「本当と違う」→「偽善」／It is hypocrisy for 人 to ～「人 が～するなんて偽善だ」

720 ■■■■■■

induce [ɪnd(j)úːs]

動 引き起こす・説得する

「中へ (in) 引き込む (duce)」→「言葉・情報が心の中に入ってきて、気持ちを変えてしまう」イメージ。

721

obsess [əbsés]

動 取りつく

元々「魔物が取り憑く」／be obsessed with ~「~に取りつかれる・~で頭がいっぱいだ・~に夢中だ」

722

obsessively [əbsésɪvli]

obsessive 形 取りつかれている・脅迫的な

副 取りつかれたように・執拗に

マニアック扱いな単語だが実はよく使われる／He checks his e-mail obsessively.「彼はやたらとメールをチェックする」

723

provoke [prəvóuk]

provocation 名 挑発
provocative 形 挑発的な

動 怒らせる・引き起こす

「怒らせて何かしらの反応を引き起こす」イメージ／provoke protests「抗議を引き起こす」／慶應大の長文で空所になったり、東大の和訳問題で問われたことも。

724

shed [ʃéd] 注

動 (涙・血を)流す・(光を)当てる

「何かを放つ」イメージ／shed tears「涙を流す」／shed light on ~「~に光を放つ」→「~を解明・説明する」

725

vanity [vǽnəti]

名 見栄

「バニティーケース」は「化粧箱」(「見栄 = 現実より良く見せようとすること」→「良く見せる道具」→「化粧箱」)

🔊 **TRACK73** [721-730]

726 ■■■■■■

dumb [dʌ́m]

形 **ばかげた**

本来は「口がきけない」だがこの意味では
あまり使われない／dumb phone「低機能
電話（ネット接続ができない昔の携帯電話）」

727 ■■■■■■

clumsy [klʌ́mzi]

形 **不器用な・ぎこちない**

本来「寒さで手がかじかむ」→「手がうまく
使えない」→「不器用な」／his clumsy
explanation「彼のぎこちない説明」

728 ■■■■■■

proliferation
[prəlìfəréiʃən]

名 **増殖・蔓延**

本来 fer は「運ぶ」の意味なのだが、真ん
中にある life に注目して「生物（life）がブ
ワーと増殖・蔓延」と覚えよう／コロナ関連
のニュースでもよく使われていた。

729 ■■■■■■

malice [mǽlɪs]

名 **悪意**

mal は「悪い」という意味（malfunction「不
調」）／without malice「悪意なしに」／『悪
意』（東野圭吾）の英語版がそのまま Malice
だった。

730 ■■■■■■

shiver [ʃívər]

動 **震える**

寒くて震えるときの日本語は「体がブルブ
ル」で、英語は「シバシバ」／shiver in the
cold「寒い中で震える」

731

spontaneous
[spɑːntéɪniəs]

spontaneously 副 自発的に

形 自発的な・自然発生的な

「自ら湧き出てくる」イメージ／a spontaneous emotion「自然にこみ上げてくる感情」

732

mold [móuld]

名 鋳型・カビ
動 型に入れて作る

pour it into a mold「型に注ぐ」／「カビ」は別語源で「型」と関連はないが「型にカビが生える」で覚えよう。

733

curse [káːrs]

名 呪い 動 呪う

本来「大声で怒り狂う」→「呪う・罵る」／古い映画で Curses!「畜生!」と使われる(覚えるために一度だけ大声でどうぞ)。

734

reckless [réklǝs]

recklessly 副 無鉄砲に

形 無謀な

「後先考えずメチャクチャに突き進む」イメージ／reckless driving「無謀な運転」

735

tribute [tríbjuːt]

名 賛辞

「トリビュートアルバム」は実績あるミュージシャンに賛辞・感謝を込めて他のミュージシャン達がカバーした CD などのアルバム。

◁: **TRACK74** [731-740]

736 ■■■■■■

radioactive
[rèidiouǽktıv]

形 放射能の

「放射性 (radio) のものがアクティブに活動 (active)」→「放射能の」/radioactive substances「放射性物質」

737 ■■■■■■

contaminate
[kəntǽmənèıt]

contamination 名 汚染

動 汚染する

本来「悪いものに触れてしまう」→「悪影響 を与える・汚染する」/contaminated water「汚染水」

738 ■■■■■■

dissect [dısékt/daısékt]

動 解剖する・詳しく分析する

dissect a frog in my biology class「生物の 授業でカエルを解剖する」

739 ■■■■■■

enigma [ənígmə]

名 謎

響きが特徴的だからか、映画・マンガ・音 楽などでそのまま「エニグマ」とよく使われ るので聞き覚えがあればいいが。

740 ■■■■■■

habitable [hǽbətəbl]

habitat 名 生息地・居住地

形 住むために適した

「火星に人が住めるか?」という火星探査の 話などでよく使われる。

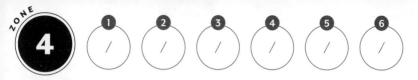

ZONE 4

741

innumerable
[ɪn(j)úːmərəbl]

形 数え切れないほどの

receive innumerable comments「数えきれないほどのコメントをもらう」／countlessと言い換え可能。

742

migratory
[máɪɡrətɔ̀ːri]

形 移住に関する

migrate 動 移住する

動物の行動に関する英文は入試頻出／a migratory bird「渡り鳥」／migratory route「移動のルート」

743

coronation
[kɔ̀ːrənéɪʃən]

名 即位式

アニメ・映画で、即位式・戴冠式のシーンでは、It's Coronation Day!「今日は即位式だ!」と使われることがある。

744

myriad [míriəd]

名 無数 形 無数の

million「100万」と結びつけて、「たくさん・無数」と覚えてしまおう／a myriad of ～「無数の～」

745

repercussion
[rìːpərkʌ́ʃən]

名 反響・影響

打楽器を「パーカッション (percussion)」と言うが、repercussionは「(音の)反響」→「余波・影響」／北里大では consequences「影響」を repercussion に書き換える問題が出た。

🔈 TRACK75 [741-750]

746 ■ ■ ■ ■ ■ ■

staggering
[stǽgərɪŋ]

stagger 動 ふらつく・驚かす

形 驚異的な

「人がよろめく (stagger) ほど驚かせるような」→「驚異的な・膨大な」／a staggering 300 million「3 億という驚くほどの額」

747 ■ ■ ■ ■ ■ ■

sting [stíŋ]

動 刺す 名 刺すこと・痛み

sting-stung-stung／get stung by a wasp「スズメバチに刺される」(wasp「スズメバチ」は難関大の英文に出る) のように虫などが刺すときに使われる。

748 ■ ■ ■ ■ ■ ■

thirst [θə́:rst]

名 喉の渇き・渇望

hunger and thirst「空腹と喉の渇き」／a thirst for knowledge「知識への渇望」

thirsty 形 喉が渇いた・渇望して

749 ■ ■ ■ ■ ■ ■

cutting-edge
[kʌ́tɪŋèdʒ]

形 最先端の

「端 (edge) を切り開いて (cut) いくような」→「最先端の」／cutting-edge technology「最先端の技術」

750 ■ ■ ■ ■ ■ ■

circulate [sə́:rkjəlèit]

動 循環する・広まる

「円 (circle) のようにまわる・循環する」→「世に循環する」→「(通貨・新聞などが) 広まる」

751

entity [éntəti]

名 実体

「実在するもの・実体があるもの」ということだが、「存在・実体・物」くらいの訳語でOK

752

erode [ɪróud]

動 侵食する

本来「かじり取っていく」という意味で、「徐々に蝕んでいく」ようなイメージ。

erosion 名 浸食

753

allege [əlédʒ]

動 主張する

本来「法廷で（lege=legal「法律の」）申し立てる」→「主張する」

754

allegedly
[əlédʒɪdli]

副 伝えられるところでは

「主張される・申し立てられる（alleged）ところによると」→「（真偽はわからないが）報道によると・伝えられるところでは」

755

reportedly
[rɪpɔ́:rtɪdli]

副 伝えられるところでは

「報道によると・ある情報によると」という訳語でもOK／allegedly と（微妙な違いはあるが）同じ意味と考えてOK

report 動 伝える

756 ■ ■ ■ ■ ■ ■

circulation 🏅
[sə́:rkjəléiʃən]

图 循環・流通・発行部数

「グルグルと円（circle）のようにまわること」
→「循環・流通」→「新聞など世の中を循環
するもの」→「発行部数」

757 ■ ■ ■ ■ ■ ■

meditate [médətèit]

meditation 图 瞑想

動 瞑想する・じっくり考える

「メディテーションヨガ」は「瞑想とヨガを
融合させたもの」／「ネット漬け」の対処法
として出てくる。

758 ■ ■ ■ ■ ■ ■

protocol [próutəkà:l]

图 議定書

the Kyoto Protocol「京都議定書」は温室
効果ガス排出の「削減目標」を国ごとに決
めたもの（東工大で出た）。

759 ■ ■ ■ ■ ■ ■

clear-cut [klíərkʌ́t]

形 明確な

「ハッキリと（clear）切り出された・切り離さ
れた（cut）」→「目鼻立ちがハッキリした・
意見がハッキリした」

760 ■ ■ ■ ■ ■ ■

wane [wéin]

動 衰える 图 減少

本来「月が欠ける」／「ろうそくがジワーッ
と溶けていく」イメージでも OK／on the
wane「（月が）欠け始めて・（人気が）落ちて」

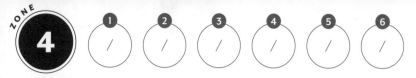

---

761 ■ ■ ■ ■ ■ ■

arbitrary [á:rbətrèri]

形 恣意的な・気まぐれな

「恣意的な・論理性がない・思いつきの・気まぐれな」などの訳がある／an arbitrary decision「気まぐれな決断」

---

762 ■ ■ ■ ■ ■ ■

care facility
[kéər fəsíləti]

名 介護施設

「高齢者などをケアする (care) 施設 (facility)」／long-term care facility「長期医療看護施設」

---

763 ■ ■ ■ ■ ■ ■

catastrophe
[kətǽstrəfi]

名 大災害

「生活を一変させてしまうほどの大きな事故・災害」のイメージ／nuclear catastrophe「原発での大災害」

---

764 ■ ■ ■ ■ ■ ■

fragile [frǽdʒəl]

形 壊れやすい・もろい

a fragile vase「壊れやすい花瓶」／a fragile relationship「もろい人間関係」

---

765 ■ ■ ■ ■ ■ ■

mimic [mímɪk]

動 真似する

Parrots can mimic human speech and other sounds.「オウムは人間の言葉やその他の音を真似ることができる」

---

766 ⬛⬛⬛⬛⬛⬜

by-product
[báɪprɑ̀:dəkt]

🔷名 副産物

「そばで (by) 作られたもの (product)」→「副産物」

767 ⬛⬛⬛⬛⬛⬜

compelling
[kəmpélɪŋ]

compel 動 強制する

🔷形 説得力がある・魅力的な

「強制する (compel) ような」→「強制して納得させる」→「説得力がある・魅力的な」／早稲田大で意味が問われた。

768 ⬛⬛⬛⬛⬛⬜

nomination
[nɑ̀:mənéɪʃən]

nominate 動 推薦する
nominee 名 推薦された人

🔷名 候補・指名・推薦

「名前 (nomi=name) を挙げること」

769 ⬛⬛⬛⬛⬛⬜

enlighten [ɪnláɪtn]

enlightenment 名 啓蒙・教化

🔷動 啓蒙する・教える

「光 (light) を頭の中に込める (en)」／the Statue of Liberty (自由の女神) の正式名称は Liberty Enlightening the World

770 ⬛⬛⬛⬛⬛⬜

ponder [pá:ndər]

🔷動 熟考する

「いろいろと検討しながらじっくり考える」イメージ／ponder what to do「何をすべきかじっくり考える」

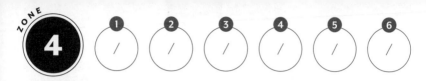

---

771 ■ ■ ■ ■ ■ ■

felony [féləni]

名 重罪

「殺人」などを表すことが多い／commit a felony「重罪を犯す」

---

772 ■ ■ ■ ■ ■ ■

improvise [ímprəvàɪz]

動 即興で作る

「前を (pro) 見る (vise=vision) ことなく (im= 否定の in)」→「事前に見ることなく即興で作る」

---

773 ■ ■ ■ ■ ■ ■

laborious
[ləbɔ́:riəs]

形 骨の折れる

「労働 (labor) を伴う」→「骨の折れる」／ laborious work「骨の折れる仕事」

labor 名 労働

---

774 ■ ■ ■ ■ ■ ■

misconduct
[mɪskɑ́:ndʌkt]

名 良くない行い

やたらと「非行」と訳されるが、若者に限らず社会人の悪い行いのイメージで、「不倫・不始末・違法行為」などを表す。

---

775 ■ ■ ■ ■ ■ ■

stern [stə́:rn]

形 厳しい

severe「深刻な」+ serious「マジメな」+ strict「厳しい」のイメージ／a stern look「厳しい顔つき」

sternly 副 厳しく

212

🔊 **TRACK78** [771-780]

776

mount [máunt]

動 乗る・取り付ける

「山 (mountain) に登る」→「物の上に登る」→「乗る」→「乗せる・取り付ける」／「マウンティング」は「人の心の上に登る」イメージ。

777

plateau [plǽtou/plætóu]

名 高原・台地・停滞状態

本来「平らなもの」→「高原・台地」→「(高原・台地のように平らな) 停滞状態」／スポーツや心理学では「停滞状態」の意味で「プラトー」とそのまま使われている。

778

erect [ɪrékt]

erection **名 建設**

動 建てる

erect は direct「まっすぐな・指導する」と関連があるので、「柱をまっすぐにする」→「建てる」と覚えよう。

779

quantitative
[kwá:ntətèɪtɪv]

形 量の・定量的な

quantitative analysis「定量分析」／qualitative「定性 (質的)」の反対。

780

readily [rédəli]

副 すぐに・容易に

「いつでも用意ができた (ready) ように」→「すぐに・容易に」／readily available「すぐに手に入る」

variable [véəriəbl]

形 変わりやすい
名 変わるもの・変数

vary 動 変化する

variable weather「変わりやすい天候」／英語圏の数学の授業では「変数 (x や y など)」で使われる。

782

warrant [wɔ́:rənt]

名 根拠・証明書 動 保証する

warranty 名 保証

「後ろから支えてくれるもの」というイメージで「根拠・保証・証明書」の意味／入試には出ないが「令状」の意味も。

783

abide [əbáɪd]

動 守る

いろいろな意味があるが、入試に出るのは abide by ～「～を守る」が圧倒的。

784

certificate [sərtífɪkət]

名 証明書

certify 動 証明する

英検に合格すると "Certificate" と書かれた賞状をもらえる／certificate of completion「修了証」

785

disconnect [dìskənékt]

動 断ち切る・(電話を)切る
名 分離

スマホ依存の話で出る／feel disconnected from others「他者とのつながりが絶たれた気がする」

214

---

786 ■■■■■■

hasten [héɪsn]

動 急ぐ・急がせる

「急ぎ (haste) を中に込める (en)」→「急ぐ・急がせる」

haste 名 急ぐこと

---

787 ■■■■■■

panel [pǽnl]

名 委員会

TV で「パネリスト (panelist)」は「討論者」で、panel は「パネリストの集まり」というイメージ。

panelist 名 討論者・パネリスト

---

788 ■■■■■■

tactics [tǽktɪks]

名 戦術

strategy and tactics「戦略と戦術」(この2つの単語に細かい違いはあるが、まあセットで覚えておけば OK)

---

789 ■■■■■■

incest [ínsest]

名 近親相姦

授業で扱う先生はいないだろうが、ギリシャ神話では出てくるし、何よりもニュースで「中絶禁止法」の中でも出てくるので、超難関大を目指すなら知っておいて損はない。

---

790 ■■■■■■

transitory [trǽnsətɔ̀ːri]

形 一時的な

「すぐに移り行く (trans) ような」→「一時的な」／temporary で書き換える問題が出そうな気がする。

215

ZONE **4**

---

791 ■ ■ ■ ■ ■ ■

compulsory
[kəmpʌ́lsəri]

形 義務的な

体操・フィギュアスケートで「コンパルソリー」は「規定種目（義務の種目）」／ compulsory education「義務教育」

---

792 ■ ■ ■ ■ ■ ■

discern [dɪsə́:rn]

動 識別する

「細かい違いに気づく」イメージ／discern A from B「AとBを区別する」／最近は慶應大の長文でよく見かける印象。

---

793 ■ ■ ■ ■ ■ ■

enact [ɪnǽkt]

動 制定する・実行する

「法律を活動（act）状態にする（en）」→「制定する・実行する」と考えよう。

---

794 ■ ■ ■ ■ ■ ■

negligence
[néɡlɪdʒəns]

negligent 形 怠慢な・不注意な

名 怠慢・不注意

「ネグリジェ（映画でお姫様が寝るとき着るようなもの）」は「ダラっとした服」で、実は negligence「怠慢」と関連アリ。

---

795 ■ ■ ■ ■ ■ ■

output [áutpùt]

名 生産（高）

動詞 put out「外に置く」→「生産する」からできた名詞。

🔊 **TRACK80** [791-800]

---

796 ⬜⬜⬜⬜⬜⬜

splendid [spléndɪd]

形 素晴らしい

「光り輝いてまばゆい」イメージ／「景色・人・考え・時間」などいろいろなものに使える／a splendid day「素晴らしい 1 日」

---

797 ⬜⬜⬜⬜⬜⬜

trait [tréɪt]

名 特色・特徴

本来「筆跡」→「文字に残った跡 (track)」→「特色・特徴」と考えよう／a genetic trait「遺伝形質」

---

798 ⬜⬜⬜⬜⬜⬜

periodically
[pìəriádɪkəli]

periodical 形 定期刊行の
名 定期刊行物

副 周期的に・定期的に

「ある程度の期間 (period) ごとに」→「周期的に・定期的に・時々」

---

799 ⬜⬜⬜⬜⬜⬜

aptitude [ǽptət(j)ùːd]

apt 形 適切な・(be apt to ～で)
～する傾向がある

名 適性

「アメリカの大学進学適性試験」である SAT は Scholastic Aptitude Test の略。

---

800 ⬜⬜⬜⬜⬜⬜

compliance
[kəmpláɪəns]

comply 動 従う・応じる

名 従うこと

「コンプライアンス」は「会社や世の中の決まりに従うこと」／in compliance with ～「～に従って」

次の (1)〜(5) の単語の意味を、① 〜⑤ から選びなさい。

1
(1) **customary**　(2) **splendid**　(3) **erode**　(4) **clear-cut**
(5) **vigorous**

① 習慣的な　② 明確な　③ 素晴らしい　④ 元気が溢れる・激しい　⑤ 侵食する

A　(1) ①　(2) ③　(3) ⑤　(4) ②　(5) ④

2
(1) **enigma**　(2) **eventful**　(3) **malice**　(4) **analytical**
(5) **authorization**

① 悪意　② 謎　③ 波乱万丈な・重大な　④ 認可　⑤ 分析の

A　(1) ②　(2) ③　(3) ①　(4) ⑤　(5) ④

3
(1) **sting**　(2) **conception**　(3) **innumerable**　(4) **shiver**
(5) **glaring**

① 数え切れないほどの　② 考え・妊娠　③ 刺す／刺すこと・痛み　④ ギラギラ輝く
⑤ 震える

A　(1) ③　(2) ②　(3) ①　(4) ⑤　(5) ④

4
(1) **reckless**　(2) **discriminating**　(3) **blanket**
(4) **nomination**　(5) **tribute**

① 候補・指名・推薦　② 賛辞　③ 包括的な　④ 目が利く　⑤ 無謀な

A　(1) ⑤　(2) ④　(3) ③　(4) ①　(5) ②

5
(1) **denial**　(2) **escalate**　(3) **tactics**　(4) **condemn**
(5) **dismissal**

① 徐々に増える　② 解雇　③ 非難する　④ 否定　⑤ 戦術

A　(1) ④　(2) ①　(3) ⑤　(4) ③　(5) ②

Set 1	Set 2	Set 3	Set 4	Set 5	Set 6
/	/	/	/	/	/

6
(1) **repatriation** (2) **compliance** (3) **protagonist**
(4) **paramount** (5) **judicial**

① 主人公　② 送還　③ 裁判の　④ 最高の・最重要の　⑤ 従うこと

A　(1) ②　(2) ⑤　(3) ①　(4) ④　(5) ③

7
(1) **variable** (2) **assertion** (3) **hoarse** (4) **laud**
(5) **misconduct**

① ほめる　② 変わりやすい／変わるもの・変数　③ 良くない行い　④ 主張
⑤ (声が)かすれた

A　(1) ②　(2) ④　(3) ⑤　(4) ①　(5) ③

8
(1) **acquaint** (2) **commend** (3) **allegedly**
(4) **staggering** (5) **radioactive**

① 放射能の　② 驚異的な　③ 知らせる・知り合いにさせる　④ 褒める
⑤ 伝えられるところでは

A　(1) ③　(2) ④　(3) ⑤　(4) ②　(5) ①

9
(1) **enact** (2) **turnaround** (3) **shed** (4) **spectacular**
(5) **by-product**

① 壮観な・素晴らしい／見世物　② (涙・血を)流す・(光を)当てる　③ 制定する・実行する
④ 方向転換・好転　⑤ 副産物

A　(1) ③　(2) ④　(3) ②　(4) ①　(5) ⑤

10
(1) **irrational** (2) **compulsive** (3) **vanity** (4) **entail**
(5) **outskirts**

① 不合理な　② 見栄　③ 含む・必要とする　④ 強制的な　⑤ 郊外

A　(1) ①　(2) ④　(3) ②　(4) ③　(5) ⑤

219

次の(1)～(5)の単語の意味を、①～⑤から選びなさい。

11
(1) **ponder**　(2) **certificate**　(3) **underdog**
(4) **evacuate**　(5) **populism**

① 熟考する　② 民衆主義　③ 負け犬　④ 避難させる　⑤ 証明書

A　(1) ①　(2) ⑤　(3) ③　(4) ④　(5) ②

12
(1) **catastrophe**　(2) **deadlock**　(3) **rampant**
(4) **tenure**　(5) **plateau**

① こう着状態　② 高原・台地・停滞状態　③ 大災害　④ 蔓延した　⑤ 在職期間

A　(1) ③　(2) ①　(3) ④　(4) ⑤　(5) ②

13
(1) **slump**　(2) **improvise**　(3) **circulation**
(4) **disconnect**　(5) **coronation**

① 不調・不況　② 循環・流通・発行部数　③ 即興で作る
④ 断ち切る・(電話を)切る／分離　⑤ 即位式

A　(1) ①　(2) ③　(3) ②　(4) ④　(5) ⑤

14
(1) **bolster**　(2) **conviction**　(3) **poach**　(4) **stigma**
(5) **backlash**

① 確信・有罪　② 密猟する　③ 汚名　④ 反発　⑤ 強化する

A　(1) ⑤　(2) ①　(3) ②　(4) ③　(5) ④

15
(1) **budding**　(2) **selective**　(3) **hasten**
(4) **cutting-edge**　(5) **aptitude**

① 適性　② 駆け出しの　③ 最先端の　④ 急ぐ・急がせる　⑤ えり好みする・えり抜きの

A　(1) ②　(2) ⑤　(3) ④　(4) ③　(5) ①

16
(1) **warrant**　(2) **allege**　(3) **languish**　(4) **abdicate**
(5) **evoke**

① 呼び起こす　② 主張する　③ 元気がなくなる　④ 退位する
⑤ 根拠・証明書／保証する

A　(1) ⑤　(2) ②　(3) ③　(4) ④　(5) ①

17
(1) **intensify**　(2) **upheaval**　(3) **dumb**　(4) **prosecute**
(5) **stern**

① 大変動　② ばかげた　③ 厳しい　④ 強める　⑤ 起訴する

A　(1) ④　(2) ①　(3) ②　(4) ⑤　(5) ③

18
(1) **encompass**　(2) **entity**　(3) **migratory**
(4) **rejuvenate**　(5) **oversight**

① 元気にする・新品状態にする　② 取り囲む・含む　③ 移住に関する　④ 監督・見落とし
⑤ 実体

A　(1) ②　(2) ⑤　(3) ③　(4) ①　(5) ④

19
(1) **periodically**　(2) **meditate**　(3) **accounting**
(4) **compelling**　(5) **blast**

① 説得力がある・魅力的な　② 爆破／爆破する・打ち上げる　③ 周期的に・定期的に
④ 会計　⑤ 瞑想する・じっくり考える

A　(1) ③　(2) ⑤　(3) ④　(4) ①　(5) ②

20
(1) **mount**　(2) **consolidate**　(3) **dissolve**
(4) **habitable**　(5) **clumsy**

① 溶ける・分解する　② 不器用な・ぎこちない　③ 乗る・取り付ける　④ 住むために適した
⑤ 統合する・強化する

A　(1) ③　(2) ⑤　(3) ①　(4) ④　(5) ②

次の(1)～(5)の単語の意味を、①～⑤から選びなさい。

21
(1) **impeachment**　(2) **bar**　(3) **editorial**　(4) **outdated**
(5) **fraught**

① 満ちた　② 告発・弾劾　③ 社説／編集の・社説の　④ 時代遅れの　⑤ 妨げる／障害

.... A　(1) ②　(2) ⑤　(3) ③　(4) ④　(5) ①

22
(1) **fallacy**　(2) **hypocrisy**　(3) **transitory**
(4) **superpower**　(5) **quantitative**

① 誤謬　② 偽善　③ 超大国　④ 一時的な　⑤ 量の・定量的な

.... A　(1) ①　(2) ②　(3) ④　(4) ③　(5) ⑤

23
(1) **ratify**　(2) **morale**　(3) **spontaneous**　(4) **myriad**
(5) **obsess**

① 取りつく　② 無数／無数の　③ 士気（やる気）　④ 承認する
⑤ 自発的な・自然発生的な

.... A　(1) ④　(2) ③　(3) ⑤　(4) ②　(5) ①

24
(1) **disclosure**　(2) **vandalism**　(3) **sparse**　(4) **plaintiff**
(5) **invariably**

① 開示　② 原告　③ まばらな　④ 必ず・いつも　⑤ 破壊行為・落書き

.... A　(1) ①　(2) ⑤　(3) ③　(4) ②　(5) ④

25
(1) **glossary**　(2) **publicize**　(3) **exodus**
(4) **suspiciously**　(5) **testament**

① 大移動　② 聖書・遺言　③ 疑って　④ 用語集　⑤ 公表する・宣伝する

.... A　(1) ④　(2) ⑤　(3) ①　(4) ③　(5) ②

26
(1) **compulsory**　(2) **negligence**　(3) **synchronize**
(4) **occupancy**　(5) **deceased**

① 亡くなった　② 義務的な　③ 怠慢・不注意　④ 占有
⑤ 同時に動かす・時間を合わせる

A　(1) ②　(2) ③　(3) ⑤　(4) ④　(5) ①

27
(1) **contaminate**　(2) **referendum**　(3) **protocol**
(4) **fragile**　(5) **juvenile**

① 議定書　② 国民投票　③ 少年少女の・若い／青少年　④ 壊れやすい・もろい
⑤ 汚染する

A　(1) ⑤　(2) ②　(3) ①　(4) ④　(5) ③

28
(1) **hydrogen**　(2) **enlighten**　(3) **dissect**　(4) **influx**
(5) **lawmaker**

① 流入　② 解剖する・詳しく分析する　③ 議員　④ 水素　⑤ 啓蒙する・教える

A　(1) ④　(2) ⑤　(3) ②　(4) ①　(5) ③

29
(1) **felony**　(2) **crucify**　(3) **hinder**　(4) **mimic**
(5) **underlying**

① 妨げる　② 真似する　③ 重罪　④ はりつけにする・虐待する　⑤ 根本的な

A　(1) ③　(2) ④　(3) ①　(4) ②　(5) ⑤

30
(1) **dormant**　(2) **proliferation**　(3) **reportedly**
(4) **ascribe**　(5) **inhibit**

① 休眠状態の　② 結果を帰する　③ 増殖・蔓延　④ 伝えられるところでは
⑤ 妨げる・抑制する

A　(1) ①　(2) ③　(3) ④　(4) ②　(5) ⑤

次の(1)〜(5)の単語の意味を、①〜⑤から選びなさい。

31
(1) **groundbreaking**　(2) **pitfall**　(3) **quaint**
(4) **classified**　(5) **provoke**

① 極秘の　② 古風で趣がある　③ 怒らせる・引き起こす　④ 画期的な　⑤ 落とし穴

A　(1) ④　(2) ⑤　(3) ②　(4) ①　(5) ③

32
(1) **tremor**　(2) **erect**　(3) **ethnicity**　(4) **incest**
(5) **suspension**

① 近親相姦　② 民族性・民族意識　③ 揺れ・震え　④ 保留・停学　⑤ 建てる

A　(1) ③　(2) ⑤　(3) ②　(4) ①　(5) ④

33
(1) **souvenir**　(2) **output**　(3) **harrowing**　(4) **flush**
(5) **readily**

① 生産(高)　② すぐに・容易に　③ (自分への)記念品・おみやげ　④ 痛ましい
⑤ 水で流す・(顔が)赤くなる

A　(1) ③　(2) ①　(3) ④　(4) ⑤　(5) ②

34
(1) **makeover**　(2) **wane**　(3) **countless**　(4) **trespass**
(5) **rationale**

① 改善　② 不法侵入する・侵害する／不法侵入・侵害　③ 数えきれない(ほど多い)
④ 衰える／減少　⑤ 根拠

A　(1) ①　(2) ④　(3) ③　(4) ②　(5) ⑤

35
(1) **discern**　(2) **panel**　(3) **distort**　(4) **care facility**
(5) **justification**

① 介護施設　② 正当化　③ 歪める　④ 識別する　⑤ 委員会

A　(1) ④　(2) ⑤　(3) ③　(4) ①　(5) ②

36 (1) circulate (2) mold (3) curse (4) forthright (5) outcry

① 呪い／呪う ② 循環する・広まる ③ 率直な ④ 抗議
⑤ 鋳型・カビ／型に入れて作る

A (1) ② (2) ⑤ (3) ① (4) ③ (5) ④

37 (1) laborious (2) repercussion (3) discomfort (4) culmination (5) courtesy

① 頂点 ② 反響・影響 ③ 骨の折れる ④ 礼儀正しさ ⑤ 不快

A (1) ③ (2) ② (3) ⑤ (4) ① (5) ④

38 (1) reiterate (2) testimonial (3) platform (4) empower (5) glitch

① 繰り返し言う ② 力を与える ③ 軽い故障
④ 駅のホーム・壇・(コンピューターやSNSの)プラットフォーム ⑤ 証明書／証明の

A (1) ① (2) ⑤ (3) ④ (4) ② (5) ③

39 (1) obsessively (2) monetize (3) induce (4) abide (5) thirst

① 引き起こす・説得する ② 収益化する(マネタイズする) ③ 守る ④ 喉の渇き・渇望
⑤ 取りつかれたように・執拗に

A (1) ⑤ (2) ② (3) ① (4) ③ (5) ④

40 (1) arbitrary (2) atrocity (3) prostitute (4) intolerable (5) trait

① 特色・特徴 ② 恣意的な・気まぐれな ③ 残虐行為 ④ 耐えられない ⑤ 売春婦

A (1) ② (2) ③ (3) ⑤ (4) ④ (5) ①

大学に入ってからもこの方法を
活用しよう!

　この1000単語習得法は、僕の大学時代にフランス語でも活躍したことはすでに触れましたが、イタリア語やスペイン語でも使ったことがあります。

　特にイタリアは僕が一番好きな国で何度も行ったのですが、最初の旅行では簡単なあいさつ程度のイタリア語しか覚えませんでした（英語が通じてしまうので）。しかしイタリアもローマ・ミラノ・フィレンツェなど有名な観光地では問題ないものの、それ以外（バーリやアルベロベッロなど）では英語が通じにくく、何より、イタリア語を使うと現地の人たちがすごく喜ぶんです。3回目に行くとき（36歳のとき）、旅行1ヵ月前から久しぶりに1000単語を始めてみました。英語ではないので、慣れないイタリア語に苦労したため、結果は9割弱でしたが、それでもイタリア語を知らない人間が1ヵ月で900個近くの単語を覚えたというのは驚異的なことでしょうし、旅行では十分でした。あいさつ・買い物・会計での数字などはかなり読めましたし、会話でも通じました（イタリア語の発音はかなり通じやすい）。

　何より、イタリア人が心を開いてくれるというか、「お！なんだこのジャポネは!?」みたいな感じがそれ以前の旅行とは違っていました。

　みなさんも本書のメソッドを大学に入ってからも活用してくださいね。

ZONE

5

[単語801～1000]

	DATE	NOTE
Set 1	/	
Set 2	/	
Set 3	/	
Set 4	/	
Set 5	/	
Set 6	/	

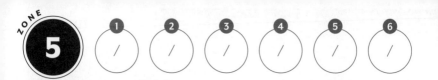

801

jail [dʒéil]

名 刑務所

go to jail「刑務所に行く」/ break out of jail「脱獄する」

802

fruitful [frú:tfl]

形 有益な

fruit「果物」→「成果」で、「成果 (fruit) がたくさん (ful=full)」→「実り多い・有益な」

803

adherence [ædhíərəns]

名 付着・固守

ウィッグ・育毛サービス『アデランス』は adhérence (フランス語は "h" を発音しない)で「頭にくっついたもの (adherence)」という意味。

804

undertake [ʌndərtéik]

動 引き受ける・着手する

「下から (under) 取る (take)」→「(仕事を) 引き受ける」/ undertake a big project「大きな事業を引き受ける」

805

confine [kənfáin]

confinement 名 制限・監禁

動 限定する・閉じ込める

「終わり (fine=final) の範囲内に閉じ込める」→「限定する」/ be confined to ~「~に限定される」

806

asymmetrical
[èɪsəmétrɪkl/æsəmétrɪkl]

asymmetry 名 非対称

symmetrical 形 対称の

形 非対称の

「左右非対称の髪型・スカート」などを「アシンメトリック」と呼ぶことがある／asymmetrical shape「非対称の図形」

807

backfire [bǽkfàɪər]

動 裏目に出る

Her plan to deceive her rival backfired.
「ライバルを騙す作戦が裏目に出た」

808

stray [stréɪ]

形 道に迷った・家がない
動 はぐれる

a stray dog[cat]「野良犬［猫］」／a stray sheep「(聖書の) 迷える子羊」

809

conceive [kənsíːv]

conceivable 形 考えられる

動 (考えを)抱く・(子を)授かる

「両手でしっかり抱きかかえる」イメージ／imagine に書き換える問題が上智大で、conceive children「子を授かる」が国際教養大で出た。

810

misconceive
[mìskənsíːv]

misconception 名 誤解

動 誤解する

「誤って・ミスして(mis) 考えを抱く(conceive)」→「誤解する」

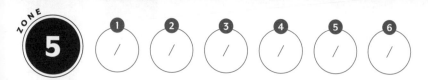
811

contend [kənténd]

動 競う・議論する

「一緒に (con) 手を伸ばす (tend)」→「競う」
→「言葉で競う」→「議論する」

contention 名 主張

812

counterproductive
[kàuntərprədʌ́ktɪv]

形 逆効果の

「逆方向に (counter) 生産的だ (productive)」
→「逆効果の」／counter は「カウンターパ
ンチ」などで使われる。

813

pledge [plédʒ]

動 誓う

中央大では promise「約束する」に書き換
える問題が出題。

814

dexterity [dekstérəti]

名 器用さ

語源は「右手のほうが器用」という古い考
え／with dexterity「器用に」

dexterous 形 器用な

815

discourse [dískɔːrs]

名 会話・講演

長文の授業で使われることがある「ディス
コース・マーカー (discourse marker)」は
however など「話」の方向性を示すもの。

816 ⬜⬜⬜⬜⬜⬜

maneuver [mənúːvər]

名 戦術　動 操る

「巧みに手を (mane=manual) 動かす」→「操作する」→「作戦・戦術・策略」

817 ⬜⬜⬜⬜⬜⬜

dissonance
[dísənəns]

名 不協和

cognitive dissonance「認知的不協和」(自分の認知と矛盾する認知を抱えた状態・不快感で、たとえば「タバコは体に悪いのに落ち着く」など)

818 ⬜⬜⬜⬜⬜⬜

rapport [ræpɔ́ːr]

名 人間関係

心理学で「良好な人間関係」を「ラポール (rapport)」と呼ぶ (元々フランス語なので、最後の t を発音しない)。

819 ⬜⬜⬜⬜⬜⬜

enslave [ɪnsléɪv]

動 奴隷にする・とりこにする

「奴隷 (slave) にする (en)」／be enslaved to ～「～のとりこ・中毒だ」

820 ⬜⬜⬜⬜⬜⬜

equalize 🎯
[íːkwəlàɪz]

動 等しくする

「イコール (equal) にする」→「等しくする・同じようにする・(スポーツで) 同点にする」などの訳がある。

821

equilibrium
[ì:kwəlíbriəm]

名 つり合い・平静

If an object is in equilibrium, ～「物体が平衡状態にある場合、～」／「心のつり合い」→「平静」

822

fragment [frǽgmənt]

名 断片

「バラバラに壊されたもの・その一部」のイメージ／a fragment of broken glass「割れたガラスの破片」

823

immersion [ɪmɚ́:rʒən]

名 浸すこと・没頭

「イマージョン (immersion) 教育」は「日本の学校で全科目を英語で教えること (英語に浸すということ)」

824

immerse [ɪmɚ́:rs]

動 浸す・夢中にさせる

「すっかり中に沈める・浸す」という意味／「心を浸す」→「没頭させる・夢中にさせる」

825

indulge [ɪndʌ́ldʒ]

動 甘やかす・ふける

「甘やかす」→「自分を甘やかす」→「ふける」／indulge in ～・be indulged in ～「～にふける」

826 ■ □ □ □ □

baffle [bǽfl]

動 当惑させる

be baffled で「難しいことを理解できなかったり、意味不明なことについていけなかったりして困ってしまう」感じ。

827 ■ ■ □ □ □

obsolete [à:bsəlí:t]

形 廃れた

「どんどん尻切れ的に磨り減っていく」イメージ／英英辞典には古くて使われない単語に obsolete と表記されることも。

828 ■ ■ ■ □ □

orchestrate [ɔ́:rkəstrèit]

動 組織にする

「オーケストラ用に編曲する」という本来の意味もあるが、音楽に限らず、「統合する・組織にする」の意味も。

829 ■ ■ ■ ■ □

persecute [pə́:rsikjù:t]

persecutor **名 迫害者**

動 迫害する・苦しめる

「完全に (per=perfect) 追い払う (secute)」→「迫害する」／persecute O for ～「～を理由に O を迫害する」

830 ■ ■ ■ ■ ■

deviation [dì:viéiʃən]

deviate **動 逸脱する**

名 逸脱

「道 (via) から離れる (de)」→「逸脱」

831 ■■■■■■

punctuation
[pʌ̀ŋktʃuéɪʃən]

punctuate 動 句読点を付ける

名 句読点

Don't forget to put a punctuation mark at the end of your sentence.「文末にはちゃんと句点を打ちましょう」

832 ■■■■■■

purify [pjúərəfàɪ]

pure 形 純粋な

動 浄化する

「純粋で混じりけのない状態 (pure) にする」／purify water「水を浄化する」／air purifier「空気清浄機」

833 ■■■■■■

embody [ɪmbá:di]

動 具体化する

S embody O「S が O を具体化する」→「S が O を (具体的に) 表す」

834 ■■■■■■

strain [stréɪn]

名 緊張・ストレス
動 引っ張る・緊張させる

本来「ぴんと張る」→「気持ちをぴんと張る」→「緊張・ストレス」などいろいろな意味になる。

835 ■■■■■■

spatial [spéɪʃəl]

space 名 スペース・空間

形 空間の

spatial ability「空間認識能力」／spatial memory「空間記憶 (動物が餌や巣の位置を記憶するのに使う力)」

836

unintelligible
[ʌnɪntélɪdʒəbl]

intelligible 形 理解できる

形 理解できない

shout something unintelligible「意味不明なことを叫ぶ」

837

warfare [wɔ́:rfèər]

名 戦争 (状態)

「戦争に (war) 赴くこと (fare)」→「戦争・戦争状態」

838

detention [dɪténʃən]

名 拘置・留置

英字新聞で見かけるのが detention center「拘置所」/学校で悪さしたときの居残りも detention (suspension「停学」より一段階軽い罰)

839

delinquency ◈
[dɪlíŋkwənsi]

delinquent 形 非行の

名 非行・犯罪

juvenile delinquency「少年非行」(社会問題の多くはこれに関係するので自由英作文でも重宝する単語)

840

casualty
[kǽʒuəlti]

名 犠牲者

「事件のような思いがけない (casual) 出来事の犠牲者」/「死者＋負傷者」を指す。

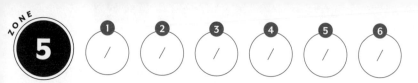
841

exile [égzaɪl]

名 追放 (者)
動 国外追放する

ダンスとは関係ないので、授業で意味を言うと「え、そんな意味だったの?」と驚かれる単語。

842

expel [ɪkspél]

expulsion 名 追放

動 追い出す・排出する

「外に (ex) 追い払う (pel)」／ be expelled from school「学校を退学させられる」(drop out は自主退学)

843

implicit [ɪmplísɪt]

explicit 形 明白な

形 暗黙の・潜在的な

「中に包まれた」イメージで、「中に本心が包まれた」→「暗にほのめかす・暗黙の・潜在的な」

844

landfill [lǽndfìl]

名 埋立地・ゴミ投棄場

「土地 (land) を満たす (fill)」→「埋立地」→「ゴミ投棄場」

845

pollutant [pəlúːtənt]

pollute 動 汚染する

名 汚染物質

難関大レベルでは重要なのに、派生語扱いされてしまうせいか意外と受験生が悩む単語。

🔊 **TRACK85** [841-850]

846 ■ ■ ■ ■ ■ ■

kidnap [kídnæp]

動 誘拐する 名 誘拐

「子ども (kid) をパッと盗む・さらう (nap)」
→「誘拐する」

kidnapper[kidnaper] 名 誘拐犯

847 ■ ■ ■ ■ ■ ■

torture [tɔ́:rtʃər]

名 苦痛・暴行
動 苦しめる・暴行する

単語帳では「拷問」と訳されるが、ニュース
では「暴行」のほうが良い／be kidnapped
and tortured「誘拐されて暴行される」

848 ■ ■ ■ ■ ■ ■

binding [báindiŋ]

形 拘束力がある

「バインダーのように結びつける (bind)
ような」→「拘束力のある」／a binding
agreement「拘束力がある協定」

bind 動 縛る
bound 形 縛られた

849 ■ ■ ■ ■ ■ ■

diplomacy
[dɪplóuməsi]

名 外交

「公文書・修了証 (diploma) を扱う」が語源
(僕が習った格闘技の「修了証」も「ディプロマ」
と呼ばれていた)。

diplomatic 形 外交上の

850 ■ ■ ■ ■ ■ ■

commemorate
[kəmémərèit]

動 祝う

「すごく (強調の com) 記憶 (memor=memory)
に残す」→「(記憶に残るように) 祝う」

851

emigrate [émǝgrèit]

immigrate 動 (他国から) 移住する
emigration 名 (他国への) 移住

動 (他国へ) 移住する

「外へ (e=ex) 移住する (migrate)」で他国への移住をハッキリさせる／emigrate from Japan to Brazil「日本からブラジルへ移住する」

852

immigrate [ímɪgrèit]

immigration 名 移住

動 移住する・移住させる

「移住する」だが、先頭の (im=in) に注目して、「他の場所からある場所の中に入ってくる移住」のこと。

853

invade [ɪnvéid]

invasion 名 侵入
evade 動 逃れる

動 侵入する・殺到する

戦争・紛争で「他国への侵入」だけでなく、「ウイルスが体内に入る」にも、「場所に殺到する」にも使える。

854

irreplaceable [ìrɪpléɪsəbl]

形 取り替えがきかない

「交換 (replace) されることができ (able) ない (ir= 否定の in)」→「取り替えがきかない・かけがえのない」

855

mandatory [mǽndətɔ̀:ri]

mandate 動 命令する

形 義務の

mandatory community service「必修の社会奉仕 (ボランティア活動のようなもの)」でアメリカの一部の高校では必修。

◁€ TRACK86 [851-860]

856 ■■■■■■

ongoing [á:ngòuɪŋ]

形 進行している

go on「続く」から生まれた単語／「今現在、継続(on)して進んでいる(going)」イメージ。

857 ■■■■■■

retain [rɪtéin]

動 保持する・覚えている

「後ろに(re)保つ(tain=maintain)」→「心の後ろ(奥底)に維持する」イメージ。

858 ■■■■■■

retention [rɪténʃən]

名 維持

通訳の訓練で使われる「リテンション」は「聞いた内容を頭に維持する力」／retention rate「(社員の)定着率」

859 ■■■■■■

underlie [ʌndərlái]

underlying 形 根本的な

動 根底にある

S underlie O「SがOの下にある」で、Sが下から支えるイメージ（"下underlie上"と覚えるのもアリ）。

860 ■■■■■■

acquaintance [əkwéintəns]

acquaint 動 知らせる・知り合いにさせる

名 知人・知識

本来「知っていること」で、人なら「知人」、物なら「知識」／an acquaintance who works in my office「同じ職場に勤める知人」

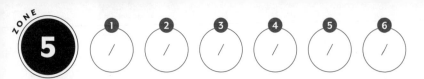

861 □□□□□□

collective [kəléktɪv]

collect 動集める

形 合計の・集団の・共同の

「寄せ集めた (collect)」→「合計の・集団の」
／ the collective wisdom「集合知・知恵の
結集」は都立大で出た。

862 □□□□□□

stool [stú:l]

名 イス

「スッと立っている (stoo=stand) イス」で、
日本のお店でも「小さい背もたれのないイ
ス」を「スツール」と表記している。

863 □□□□□□

disregard [dìsrɪgáːrd]

動 無視する 名 無視・軽視

「見る・みなす (regard) ことがない (dis)」
→「無視する」

864 □□□□□□

eminent [émənənt]

eminence 名名声

形 突出した・有名な

「外に (e=ex) 突き出している (minent)」→
「突出した・有名な・優れた」

865 □□□□□□

foul [fául]

形 汚い

辞書には「不潔な・下品な・不正な・反則
の」などがあるが、「汚い」イメージが大事
／ foul smell「悪臭」

🔊 **TRACK87** [861-870]

866

pressing [présɪŋ]

形 緊急の

「心を押して (press) くる・圧迫してくるような」→「緊急の」/ a pressing issue「緊急の問題」

867

cue [kjúː]

名 合図・手掛かり

動画撮影で使われる「キュー出し」は「合図を出すこと」

868

conspiracy [kənspírəsi]

名 陰謀

「一緒に (con) 息をする (spire)」→「同志として悪いことをたくらむ」→「共謀・陰謀」/ conspiracy theory「陰謀論」

869

influential [ɪnfluénʃəl]

influence 名 影響

形 影響力がある

ニュースで「最も影響力のある世界の女性100人」などで、influential という単語が使われる。

870

deportation [dìːpɔːrtéɪʃən]

deport 動 国外追放する

名 国外追放・強制送還

be subject to deportation「国外追放 (の処分を) 受ける」

871

disproportionately
[dìsprəpɔ́:rʃənətli]

disproportionate 形 不釣り合い
な

副 偏って

「割合・釣り合い (proportion) がない (dis)」
→「不釣り合いに・偏って」

872

extravagant
[ɪkstrǽvəgənt]

形 法外な

「限度を超えて (extra)」→「法を超えるほど
の・法外な (お金関係によく使われる) /
extravagant expenditure「法外な出費」

873

invoke [ɪnvóuk]

動 呼び起こす

ゲームのガチャで「呼び起こす・召喚する」
という意味で invoke という単語が使われる
ことがある。

874

lapse [lǽps]

動 経過する・失効する
名 過失

「知らぬ間に過ぎ去る」イメージ/「経過す
る」→「(期限が過ぎて) 失効する」→「過失」
/入試では特に「失効する」をチェック。

875

sterilize [stérəlàɪz]

sterile 形 無菌の・不妊の

動 殺菌する・不妊にする

「何もない状態にする」イメージ。

🔊 **TRACK88** [871-880]

876 ■■■■■■

unfold [ʌnfóuld]

🎬 展開する

「反対に(un)折りたたむ(fold)」→「広げる・広がる・展開する」

877 ■■■■■■

acquired [əkwáɪərd]

acquire 🎬 獲得する

🔶 後天的な

「生まれた後に獲得(acquire)された」→「後天的な」／AIDS is acquired immune deficiency syndrome.「エイズとは後天性免疫不全症候群のことだ」

878 ■■■■■■

civic [sívɪk]

🔶 市民の

a civic center[hall]「市民会館」／a civic group「市民団体」

879 ■■■■■■

propel [prəpél]

propeller 🔷 プロペラ

🎬 推進する

「プロペラ(propeller)」は「前に押すもの」／「前に(pro)押す・駆り立てる(pel)」→「前進させる・推進する」

880 ■■■■■■

resilience
[rɪzíljəns]

resilient 🔶 回復力がある・立ち直りが早い

🔷 回復力

「良い感じのリバウンド・ビヨーンと弾力あって戻る」イメージ／名古屋工業大ではresilienceをテーマにした長文問題が出た。

243

881 ■■■■■■

tradeoff[trade-off]
[tréɪdɔ̀ːf]

名トレードオフ

trade off「交換する」という熟語が名詞になったもの／片方を取るともう片方が成り立たない状態。

882 ■■■■■■

advent [ǽdvent]

名出現・到来

with the advent of ～「～の出現・到来とともに」／本来「神の降臨」なので期待感高まるイメージが多い（悪い意味でも使えるが）。

883 ■■■■■■

sanctuary [sǽŋktʃuèri]

名聖域

「聖域」の訳で入試は対処できるが、「（安全な）避難所・保護区域」という訳も知っておくと便利。

884 ■■■■■■

dispense [dɪspéns]

動分配する

「ソープディスペンサー（soap dispenser）」は「ハンドソープを分配する入れ物」／dispense with ～「～なしで済ます」

885 ■■■■■■

folk [fóuk]

名人々

people と同じ意味だが、古風で暖かいニュアンスがある。

🔊 **TRACK89** [881-890]

886

homogeneous
[hòuməʤíːniəs]

形 同種の

「同じ (homo) 遺伝子 (gene) の」→「同種の・均質の」／日本は homogeneous society「同質的社会」と言われることがよくある／homogenous のつづりもある。

887

inconsistent
[ìnkənsístənt]

consistent 形 首尾一貫した

形 一貫性がない・矛盾するような

be inconsistent with ~「~と矛盾する」

888

assimilate [əsíməlèit]

assimilation 名 同化

動 同化する・取り入れる

「同じ (simil=similar) ものにすること」／異文化に触れたとき「自分の文化を捨て、新しい文化を取り入れる」内容で使われる。

889

solemn [sáːləm]

形 厳粛な

「年に一度だけ (sole=solo「ソロの」) の儀式」→「厳粛な」／the solemn beauty「荘厳な美しさ」

890

would-be [wúdbi]

形 ~になるつもりの

「将来、もしなれるなら~になる (be) つもり (would) の」／would は仮定法で「もし~なら」というニュアンスを持つ／a would-be YouTuber「ユーチューバーになりたいと思っている人」

891 ■ ■ ■ ■ ■

bulk [bʌ́lk]

名 容積・大部分

「大っきな塊」のイメージ/「容積」→「大きな容積」→「大きいもの・大部分」/in bulk「大量に」/bulk order「大量注文」

892 ■ ■ ■ ■ ■

bulky [bʌ́lki]

形 かさばった

bulk には「大きなもの」のイメージがあり、bulky は「大きい・かさばる（かさばって扱いにくい）」

893 ■ ■ ■ ■ ■

disqualified [dɪskwáːləfàɪd]

qualify 動 資格を与える

形 資格を失った

be disqualified from the Olympics「オリンピックの出場資格を失う」（分離の from）

894 ■ ■ ■ ■ ■

beware [bɪwéər]

動 注意する

"beware of the dog"「犬に注意」くらいの意味で、急に吠えることの注意や強盗防止の目的で看板に書かれることがある。

895 ■ ■ ■ ■ ■

shabby [ʃǽbi]

形 ぼろぼろの・着古した

「シャビシャビになった」ってなんか新鮮さが欠けたような感じがする/shabby clothes「着古した服」

896 ■■■■■■

affection [əfékʃən]

affect 動 影響を与える

名 愛情

affect「影響を与える」には「心に影響を与える・感動させる」などの意味があり、affection は「心の影響」→「愛情」

897 ■■■■■■

affirmative
[əfə́:rmətɪv]

形 肯定的な・前向きな

affirmative action「アファーマティブ・アクション」(少数民族・女性など差別されてきた人たちが不利にならないようにする動き)

898 ■■■■■■

fasting [fǽstɪŋ]

名 断食

最近は「軽い断食(半日や1日)」を「ファスティング」と呼ぶことがある／fasting during Ramadan「ラマダーン中の絶食」

899 ■■■■■■

notwithstanding 🛡
[nà:twɪθstǽndɪŋ]

withstand 動 抵抗する

前 ～にもかかわらず

これで1つの前置詞／「抵抗する(withstand)ことがない(not)で」→「～があるにもかかわらず抵抗しないで」→「～にもかかわらず」／すでに早稲田大で出ている。

900 ■■■■■■

improbable
[ɪmprɑ́:bəbl]

形 起こりそうもない

「起こりそう・ありそう(probable)にはない(否定の in)」／It is improbable that ～「～することは起こりそうにない」

ZONE 5

| 901 | ■■■■■■ |

pneumonia
[n(j)u(:)móuniə]

名 肺炎

偉人に関する英文で「肺炎にかかって」といった内容が出る（早稲田大などで出題済）。

| 902 | ■■■■■■ |

starvation
[stàːrvéiʃən]

starve 動 飢えに苦しむ・餓死する

名 飢餓

die of starvation「餓死する」（=starve to death）

| 903 | ■■■■■■ |

transit [trǽnsət]

名 通過・トランジット（別の飛行機への乗り換え）

「AからBへの移動」のイメージ／transit time「飛行機の乗り換え時間」は海外旅行時によく使われる。

| 904 | ■■■■■■ |

devotion [dɪvóuʃən]

名 献身・愛情

「心を捧げること」のイメージ／「身を捧げること」→「献身」、「心を捧げること」→「愛情」

| 905 | ■■■■■■ |

fashionable
[fǽʃənəbl]

形 流行の

「お洒落」な印象より、「時代の先端を行く・流行の」のように、まずは「時代・時間」の視点を最優先で考えよう。

906 ■■■■■■ ■

denounce [dɪnáuns]

動 非難する

「マイナスのトーンで (de) 言う・発音する (nounce=pronounce)」／denounce the police「警察を非難する」

907 ■■■■■■ ■

infrastructure [ínfrəstrʌ̀ktʃər]

名 インフラ（社会生活の基盤となる設備）

「中にある・下に入っている (infra) 構造 (structure)」／「インフラ」は道路・鉄道・水道・電気・学校・病院など。

908 ■■■■■■

moderate [má:dərət]

形 適度な・並みの・穏やかな

たくさんの訳語があるが、「そこそこ・ほどほど」のイメージ（軽いけど light・low ほど軽くはない）。

moderately 副 控えめに

909 ■■■■■■

unify [jú:nəfàɪ]

動 統合する

「1 つ (uni) にする (fy)」→「統合する」

910 ■■■■■■

branch [bræntʃ]

名 枝・支店

木の幹に対して「枝」のこと／本店から「枝分かれした店」→「支店」／the bank's Shinjuku branch「その銀行の新宿支店」

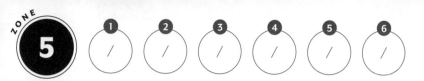

911

hopefully [hóupfəli]

hopeful 形 希望に満ちた

副 願わくば・うまくいけば

hopefully meet again next week「うまくいけば来週また会う」

912

factually [fǽktʃuəli]

factual 形 事実の

副 事実の面で・現実に

a factually correct statement「事実として正しい発言」

913

flee [flíː]

動 逃げる

「飛ぶ (fly) ように逃げる」こと。

914

shield [ʃíːld]

名 盾 動 守る

RPG のゲームで「シールド」がおなじみだが、意外と入試に出る（比喩的に「守るもの」という意味で京大で出た）。

915

dictate [díkteit]

dictation 名 書き取り
dictator 名 独裁者

動 書き取らせる・指示する

「リスニングのディクテーション」は「音声を書き取ること」/「書き取るように命令する」→「指示する」

🔊 **TRACK92** [911-920]

916 ■ ■ ■ ■ ■ ■

ration [rǽʃən/réɪʃən]

ratio 名 比率

名 割り当て 動 制限する

「割合 (ratio) を計算して割り当てるもの」
→「割り当て」→「割り当てを制限する」

917 ■ ■ ■ ■ ■ ■

effectively [əféktɪvli]

副 事実上

「効果的 (effective) という意味において」→
「実質的に・事実上」(=in effect)

918 ■ ■ ■ ■ ■ ■

openness [óupənnəs]

名 開放性

簡単な単語だが、「性格診断」の英文でキー
ワードになるのでチェックしておきたい (早
稲田大で出た)。SNS を多用したり、「いろ
いろなものに興味を持つ性質」のこと。

919 ■ ■ ■ ■ ■ ■

shallow [ʃǽlou]

形 浅い

deep「深い」の反対／a shallow pool「浅
いプール」／a shallow personality「浅は
かな性格 (深く考えず表面的なことに関心を持
つ性格)」

920 ■ ■ ■ ■ ■ ■

provable [prúːvəbl]

prove 動 証明する

形 証明できる

「証明 (prove) されることができる (able)」
／a provable alibi「証明できるアリバイ」

ZONE 5

1	2	3	4	5	6
/	/	/	/	/	/

921 ■ ■ ■ ■ ■ ■

socialize [sóuʃəlàız]

動 打ち解けて付き合う

「社会的・社交的 (social) にする」→「社交的にふるまう」／クラスに 1 人はいる「ガンガン socialize する人」を思い浮かべて覚えよう。

922 ■ ■ ■ ■ ■ ■

ample [ǽmpl]

形 広い・十分な

本来「広い」→「広くて十分な」／an ample supply of food「十分な食糧供給」

923 ■ ■ ■ ■ ■ ■

trifle [tráifl]

名 些細なこと

本来「残り物で作ったありあわせ」→「些細なもの・こと」

924 ■ ■ ■ ■ ■ ■

dawn [dɔ́:n] 注

動 夜が明ける・わかり始める
名 夜明け・始まり

「夜が明けるようにモヤモヤが晴れる」→「わかり始める」(dawn on 人「人にわかりはじめる」)

925 ■ ■ ■ ■ ■ ■

addiction 注
[ədíkʃən]

addict 名 常用者
　　　動 中毒にさせる
addictive 形 中毒性の

名 依存・中毒

以前は酒・タバコなどに限られて使われたが、今は「スマホ・ゲーム」など、日常的に使われる／a social media addiction「SNS 中毒」

252

🔊 **TRACK93** [921-930]

926 ■■■■■■

overdo [òuvərdú:]

動 やり過ぎる

「度を超えて (over) やる (do)」→「やり過ぎる」／overdo exercise「運動をしすぎる」

927 ■■■■■■

repay [rɪpéɪ]

動 返す・報いる

「元に再び (re) 払う (pay)」→「お金を返す」→「親切を返す」→「報いる」／repay a loan「ローンを返済する」

928 ■■■■■■

accommodation [əkà:mədéɪʃən]

名 宿泊施設・収容力

「人を詰め込む」イメージ／「人を詰め込む施設」→「宿泊施設」／accommodations for tourists「観光客のための宿泊施設」

929 ■■■■■■

dare [déər]

動 あえて〜する・〜する勇気がある
助 あえて〜する

一般動詞は、dare {to} 原形「あえて〜する」(to は省略可能)／助動詞は How dare SV ?「よくも SV できるものだ」が大事。

930 ■■■■■■

liable [láɪəbl]

liability 名 責任

形 傾向がある・法的責任がある

「縛られた」イメージ／be liable to 〜「ある行動に縛られて」→「〜する傾向がある」、「法に縛られて」→ be liable for 〜「〜に対して法的責任がある」

931

solitude [sá:lət(j)ù:d]

sole 形 唯一の
solitary 形 ひとりだけの

名 孤独

「ソロ (soli=solo) の状態 (tude)」→「孤独」
／in solitude「孤独に・ひとりで」

932

nutrient [n(j)ú:triənt]

名 栄養になるもの
形 栄養になる

「いろいろな栄養素を持つもの」というイ
メージで複数形 nutrients で使われる。

933

self [sélf]

名 自己

なんとなく意味はとれるが、和訳問題で出
るので「自分・自己・自我・自意識・本質・
個性」などの訳語をストックしておきたい。

934

assembly [əsémbli]

assemble 動 集まる・集める・組み
立てる

名 集合・組み立て

「散り散りになっているものが中心に引き寄
せられるように集まってくる」イメージ。

935

bullet [búlət]

名 銃弾

「bull (牛) が ball (ボール) みたいに飛んでく
る凶器」と覚えよう／bullet train は「新幹線」
のことで直訳は「弾丸列車」／silver bullet
は「銀の弾丸」→「確実な方法・特効薬」

🔊 **TRACK94** [931-940]

---

936 ◼◼◼◼◼◼

carve [káːrv]

carving 名 彫刻

動 彫る

普段の生活では使わなくても、世界史や観光旅行で彫刻の話はよく出てくるだけに大事な単語。

---

937 ◼◼◼◼◼◼

disrupt [dɪsrʌ́pt]

disruption 名 分裂

動 分裂させる・中断させる・混乱させる

disrupt sleep「睡眠を分裂させる」→「睡眠を中断させる」は北海道大で出た。

---

938 ◼◼◼◼◼◼

restoration
[rèstəréɪʃən]

restore 動 回復する

名 修復・復興

「再び (re) 在庫状態 (store) に戻すこと」／the Meiji Restoration「明治維新」

---

939 ◼◼◼◼◼◼

explode [ɪksplóud]

explosion 名 爆発

動 爆発する

元々「拍手の音」があまりに激しくて爆発にたとえられたことから。

---

940 ◼◼◼◼◼◼

fabric [fǽbrɪk]

名 織物・構造

「生地で織られたもの・織物」→「織物・編み物の構造」→「仕組み・構造」

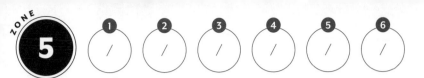

---

941 ⬜⬜⬜⬜⬜⬜

feat [fí:t]

名 偉業

「とんでもない離れ業」というイメージ／
an acrobatic feat「曲芸」

---

942 ⬜⬜⬜⬜⬜⬜

icon [áɪkɑ:n]

名 アイドル

日本語でも「若者のアイコン」のように使われ、「カリスマでインフルエンサーでアイドル」みたいなイメージ。

---

943 ⬜⬜⬜⬜⬜⬜

iconic [aɪkɑ́:nɪk]

形 象徴的な

名詞 icon は「偶像・象徴」の意味が大事で、iconic は「象徴的な」

---

944 ⬜⬜⬜⬜⬜⬜

doctrine [dá:ktrən]

名 主義・教義

the Monroe Doctrine「モンロー主義」(アメリカ大陸とヨーロッパ大陸の相互不干渉を主張した外交政策の原則で、世界史で習う)

---

945 ⬜⬜⬜⬜⬜⬜

rhetoric [rétərɪk]

rhetorical **形 修辞法を用いた**

名 レトリック（修辞法）

Who knows?「誰が知ろうか?」→「誰も知らない」というのが rhetorical question「修辞疑問文」

946

senator [sénətər]

名 **上院議員**

senior「年上の・上役の」と関係ある単語。

senate 名 上院

947

troop [trú:p]

名 **集団**

本来「群れ」で、「動物の群れ・人の群れ・兵士の群れ（軍隊）」などを表せる。

948

continued 注
[kəntínju:d]

形 **引き続きの**

実は難関大でよく出る単語／the continued existence of a species「ある種が継続して存続していくこと」は立教大で出題。

949

scan [skǽn]

動 **注意深く調べる・ざっと見る**
名 **注意深い調査**

「画像をスキャンする」のように「すべてをじっくり見る」イメージから、どんどんいい加減になって「ざっと見る」の意味もある。

950

administer 注
[ədmínəstər]

動 **管理する・投与する**

「大臣 (minister) のように国に仕える」→「管理する」／minister「大臣」は、偉いというより奉公人のイメージで／administer a vaccine「ワクチンを投与する」

administration 名 管理

951 ■ ■ ■ ■ ■ ■

antiquity
[æntíkwəti]

antique 形 古風な

名 古代

「アンティークな・古風な (antique) 時代」の
こと。

952 ■ ■ ■ ■ ■ ■

fraud [frɔ́:d]

名 詐欺

commit a fraud「詐欺をはたらく」

953 ■ ■ ■ ■ ■ ■

livelihood [láɪvlihùd]

名 生活

lively「元気な」から「元気に毎日を送る」
イメージを。

954 ■ ■ ■ ■ ■ ■

mainstream
[méɪnstrì:m]

形 主流の　名 主流

「主な (main) 流れ (stream)」→「主流の」
／日本の雑誌で多用されるが、「今流行り
の」ではないので注意。

955 ■ ■ ■ ■ ■ ■

disparity [dɪspérəti]

名 不釣り合い

「ペア (parity=pair) にならない (否定の
dis)」→「不釣り合い (でペアにならない)」／
gap に書き換える問題が出そう／economic
disparity「経済格差」

956 ■ ■ ■ ■ ■ ■

proficient [prəfíʃənt]

proficiency 名 技量

形 上手な

「プロ (pro) の腕前」くらいに考えてしまおう/be proficient in ~「~において熟達した」→「~が非常に上手い」

957 ■ ■ ■ ■ ■ ■

vibrant [váibrənt]

形 活気に満ちた

「空気・雰囲気が振動・バイブレイトする (vibra=vibrate) ほど」→「活気に満ちた」と考えよう。

958 ■ ■ ■ ■ ■ ■

skim [skim]

動 ざっと目を通す

「上っ面」をすくうイメージ/「表面・皮 (skin)」だけを読み取るのが skim/カード情報を読み取る犯罪を「スキミング (skimming)」と言う。

959 ■ ■ ■ ■ ■ ■

negotiable
[nɪgóuʃiəbl]

negotiate 動 交渉する

形 交渉できる

「料金などが交渉 (negotiate) されることができる(able)」/The price is not negotiable. 「値段交渉不可」

960 ■ ■ ■ ■ ■ ■

notion [nóuʃən]

notice 動 気づく・知らせる

名 考え

「漠然と思っていること」のイメージ/have a notion that ~「なんとなく~という考えを持っている」

961

knowledgeable
[ná:lɪʤəbl]

knowledge 名 知識

形 精通している

「知識 (knowledge) がある」（名詞 knowledge +able なので、この able は「されることができる」という意味ではない）

962

conscientious ⦿
[kà:nʃiénʃəs]

conscience 名 良心・罪の意識

形 良心的な・慎重な

「善悪を知っている (science)」／science「科学」は本来「知っていること」（ただしこの conscientious では発音に注意）

963

gross [gróus]

形 全部の

GDP「国内総生産」は Gross Domestic Product で、gross は「総計の・全部の」

964

gloss [glá:s]

名 光沢

gross と gloss がまぎらわしいが、gl は「キラッ」のイメージ／「gloss は lip に塗るもの」で"1"を意識。

965

cherish [tʃérɪʃ]

動 大切にする

charity「慈善」と関連させて「心から思いやる」イメージで／cherish the memories「思い出を大切にする」

🔊 **TRACK97** [961-970]

966 ■■■■■■

contradict
[kà:ntrədíkt]

contradiction 名 矛盾
contradictory 形 矛盾した

動 反論する・矛盾する

「反対に (contra) 言う (dict)」／contradict yourself・contradict each other「矛盾する」

967 ■■■■■■

harsh [há:rʃ]

形 厳しい・不快な

harsh treatment「ひどい扱い」／東大の和訳問題では「不快な」で出た。

968 ■■■■■■

integrity [ɪntégrəti]

integral 形 完全な・不可欠な

名 完全・誠実

「完全」→「性格が完全」→「誠実」

969 ■■■■■■

mercy [má:rsi]

名 慈悲

at the mercy of ～「～のなすがまま」の形が重要（「神の慈悲・運命に流される」イメージ）。

970 ■■■■■■

trigger [trígər]

動 引き起こす
名 引き金・きっかけ

「拳銃の引き金」→「引き金を引く」→「引き起こす」／原因 trigger 結果 の形が大事／慶應大の設問では lead to に言い換えられた。

971 ■■■■■■

weird [wíərd]

形 変な・奇妙な・不気味な

従来の入試対策では重視されないが、日常会話・マンガでよく使われる／strange に書き換える問題が中央大で出題。

972 ■■■■■■

tolerate [tá:lərèit]

tolerance 名 我慢
tolerant 形 寛大な

動 我慢する・大目に見る

「嫌々でも受け入れる」イメージ／refuse to tolerate bullying「いじめを絶対に大目に見ない」

973 ■■■■■■

equation [ikwéɪʒən]

名 方程式・同一視

「左辺＝右辺というイコール (equal) 関係」／graph an equation「式をグラフに書く」

974 ■■■■■■

vice versa [váɪs vəːrsə]

副 逆も同様である

文の後に、～ and vice versa「～であるが、逆もまたしかり」と使う。

975 ■■■■■■

extensive [ɪksténsɪv]

extend 動 伸ばす
extension 名 延長

形 広範囲に及ぶ

「延長する (extend) ような」→「広範囲に及ぶ」／extensive reading「多読」

🔊 **TRACK98** [971-980]

976 ■ ■ ■ ■ ■ ■

comprehensive
[kà:mprɪhénsɪv]

comprehension 名 理解
comprehend 動 理解する

形 理解力がある・包括的な

「理解する（comprehend）力がある」→「多くのものを頭に含められる」→「包括的な」

977 ■ ■ ■ ■ ■ ■

confidential
[kà:nfədénʃəl]

形 秘密の

「信頼（confidence）がある関係内の」→「秘密の」／郵便物に書かれる「親展」の下にconfidentialと表記されることも。

978 ■ ■ ■ ■ ■ ■

dimension [dɪménʃən]

名 次元・面積・寸法

3DのDはこのdimension／「面が広がる」イメージから、「面積・寸法」も覚えよう。

979 ■ ■ ■ ■ ■ ■

enclose [ɪnklóuz]

enclosure 名 同封

動 取り囲む・同封する

「閉じる（close）状態にする（en）」→「囲む」→「手紙を囲む」→「同封する」

980 ■ ■ ■ ■ ■ ■

resume [rɪz(j)úːm]

動 再開する

「再び（re）ズームして取り上げる」→「再開する」と考えよう（「ズーム」はsumeにこじつけている）／ちなみにrésuméは「要約・履歴書」

981

self-perception
[sèlfpərsépʃən]

perception 名 知覚・認識

名 自己認識

「自分を(self)知覚・認識すること (perception)」で簡単だが、抽象的な英文では意外と苦労するのでチェックを。

982

blank slate
[blǽŋk sléɪt]

名 白紙状態

I think at birth, the human mind is a "blank slate."「生まれたとき、人の心は『白紙状態』だと思う」(遺伝の話などで)

983

supreme [su(:)prí:m]

形 最高の

Supreme というブランドが若者に人気／the Supreme Court「最高裁」はニュースで頻出。

984

theorize [θí:əràɪz]

theory 名 理論・セオリー

動 理論を立てる

いろいろと考えて仮説を立てたりすること／speculate「推測する」との書き換えが出そう。

985

notorious
[noutɔ́:riəs]

形 悪名高い

「注目 (not=notice) しないといけないほど危ない」→「(悪いことで)有名な」／be notorious for ～「～で悪名高い」

ZONE1 ZONE2 ZONE3 ZONE4 ZONE5

190 / 200

986 ■■■■■■

federal [fédərəl]

形 連邦政府の

「連邦」とは「複数の国・州の集合国家」／
アメリカのニュースでは頻繁に出てくる／
federal income tax「連邦所得税」

987 ■■■■■■

ritual [rítʃuəl]

名 儀式・日常のルーティーン
（習慣的行為）

a religious ritual「宗教的な儀式」

988 ■■■■■■

asylum [əsáɪləm]

名 亡命・避難

本来「聖域に逃げ込む」→「保護」→「亡命・
避難」／political asylum「政治的亡命」

989 ■■■■■■

demographic
[dèməgrǽfɪk]

demography 名 人口統計学

形 人口統計の

democracy「民主主義」と同じ語源で、
demo は「人」／「人 (demo) をグラフにし
た (graphic)」→「人口統計の」と考えよう。

990 ■■■■■■

embassy [émbəsi]

名 大使館

the U.S. Embassy in Tokyo「東京のアメリ
カ大使館」（そこから1キロ離れたウチの事務
所でこの本を執筆中）

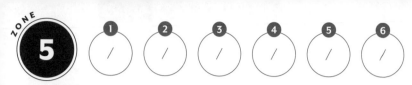

991

bombing [bá:mɪŋ]

bomb 名 爆弾
動 爆弾を投下する

名 爆撃

bomb「爆弾（を投下する）」は「ボーン！」という音を表す単語で、これが -ing（名詞化）になったもの。

992

realm [rélm]

名 領域

本来「統治された場所」→「領域」／小説で「王が統治するエリア」や「（ファンタジーでの）別領域・別世界」の意味で多用される。

993

overwhelming
[òuvərwélmɪŋ]

形 圧倒的な・大変な

「上を覆って（over）のしかかるような」イメージ／an overwhelming schedule「とんでもなく多忙なスケジュール」は旭川医大で出た。

994

assign [əsáɪn]

assignment 名 課題

動 割り当てる・任命する

「仕事を任せる人に印（sign）をつける」→「割り当てる」→「役職を割り当てる」→「任命する」

995

intervene [ìntərvíːn]

intervention 名 干渉・仲裁

動 干渉する・仲裁する

「間（inter）に入る」／intervene in ～「～に干渉する・仲裁する」

◁: **TRACK100** [991-1000]

996 ■ ■ ■ ■ ■ ■

specimen [spésəmən]

名 見本

「スペシャルな (speci) 男 (men) の見本」と
覚えてしまおう。

997 ■ ■ ■ ■ ■ ■

contamination
[kəntæmənéiʃən]

名 汚染

水・空気・自然・食品など、どれも汚染が問
題になるだけに、長文問題・ニュースで頻
出/food contamination「食品汚染」

contaminate **動** 汚染する

998 ■ ■ ■ ■ ■ ■

launder [lɔ́:ndər]

動 合法的に見せる

本来 laundry「洗濯」と関連があり、「洗濯
する」→「不正金を洗うように消す」/日本
語でも「学歴ロンダリング (laundering)」や
「マネーロンダリング」などで使われる。

999 ■ ■ ■ ■ ■ ■

embryo [émbriòu]

名 胎芽
たいが

bryo は「膨らむ」という意味で、「ブリオッ
と丸みを帯びる」イメージ/「受精後 8 週間
未満の生体のこと (ヒトの場合)」/ちなみに
embryo → fetus「胎児」になる。

1000 ■ ■ ■ ■ ■ ■

awe [ɔ́:]

名 畏怖

ここは強引に「awe それ多い」→「オーそれ
多い」→「恐れ多い」/会話で awesome「す
ごい」がよく使われる/ここまで来た君は
awesome

awful **形** 恐ろしい・すさまじい
awesome **形** 恐ろしい・すごい

次の(1)〜(5)の単語の意味を、① 〜 ⑤ から選びなさい。

1
(1) **fragment**　(2) **retention**　(3) **adherence**
(4) **advent**　(5) **ample**

① 広い・十分な　② 維持　③ 出現・到来　④ 付着・固守　⑤ 断片

A　(1) ⑤　(2) ②　(3) ④　(4) ③　(5) ①

2
(1) **fasting**　(2) **hopefully**　(3) **senator**　(4) **enclose**
(5) **enslave**

① 取り囲む・同封する　② 上院議員　③ 断食　④ 奴隷にする・とりこにする
⑤ 願わくば・うまくいけば

A　(1) ③　(2) ⑤　(3) ②　(4) ①　(5) ④

3
(1) **baffle**　(2) **notion**　(3) **eminent**　(4) **sterilize**
(5) **carve**

① 突出した・有名な　② 彫る　③ 殺菌する・不妊にする　④ 考え　⑤ 当惑させる

A　(1) ⑤　(2) ④　(3) ①　(4) ③　(5) ②

4
(1) **confine**　(2) **troop**　(3) **casualty**　(4) **factually**
(5) **pledge**

① 誓う　② 事実の面で・現実に　③ 犠牲者　④ 集団　⑤ 限定する・閉じ込める

A　(1) ⑤　(2) ④　(3) ③　(4) ②　(5) ①

5
(1) **dispense**　(2) **improbable**　(3) **awe**　(4) **flee**
(5) **mainstream**

① 畏怖　② 分配する　③ 起こりそうもない　④ 逃げる　⑤ 主流の／主流

A　(1) ②　(2) ③　(3) ①　(4) ④　(5) ⑤

Set 1	Set 2	Set 3	Set 4	Set 5	Set 6
/	/	/	/	/	/

6 (1) collective (2) trigger (3) equation (4) rhetoric (5) diplomacy

① 引き起こす／引き金・きっかけ　② 合計の・集団の・共同の　③ レトリック（修辞法）
④ 方程式・同一視　⑤ 外交

A (1) ② (2) ① (3) ④ (4) ③ (5) ⑤

7 (1) continued (2) specimen (3) cherish (4) solitude (5) antiquity

① 古代　② 大切にする　③ 引き続きの　④ 孤独　⑤ 見本

A (1) ③ (2) ⑤ (3) ② (4) ④ (5) ①

8 (1) indulge (2) contradict (3) integrity (4) unify (5) contamination

① 反論する・矛盾する　② 甘やかす・ふける　③ 完全・誠実　④ 統合する　⑤ 汚染

A (1) ② (2) ① (3) ③ (4) ④ (5) ⑤

9 (1) delinquency (2) orchestrate (3) conceive (4) undertake (5) shabby

① 組織にする　② ぼろぼろの・着古した　③ 引き受ける・着手する　④ 非行・犯罪
⑤ （考えを）抱く・（子を）授かる

A (1) ④ (2) ① (3) ⑤ (4) ③ (5) ②

10 (1) folk (2) immerse (3) intervene (4) propel (5) underlie

① 人々　② 干渉する・仲裁する　③ 推進する　④ 浸す・夢中にさせる　⑤ 根底にある

A (1) ① (2) ④ (3) ② (4) ③ (5) ⑤

次の (1)〜(5) の単語の意味を、① 〜⑤ から選びなさい。

11
(1) **bullet**　(2) **pressing**　(3) **affirmative**　(4) **notorious**　(5) **deviation**

① 緊急の　② 悪名高い　③ 銃弾　④ 逸脱　⑤ 肯定的な・前向きな

A (1) ③ (2) ① (3) ⑤ (4) ② (5) ④

12
(1) **solemn**　(2) **implicit**　(3) **acquaintance**　(4) **demographic**　(5) **tolerate**

① 厳粛な　② 人口統計の　③ 知人・知識　④ 我慢する・大目に見る　⑤ 暗黙の・潜在的な

A (1) ① (2) ⑤ (3) ③ (4) ② (5) ④

13
(1) **fashionable**　(2) **launder**　(3) **weird**　(4) **disparity**　(5) **repay**

① 流行の　② 変な・奇妙な・不気味な　③ 返す・報いる　④ 合法的に見せる　⑤ 不釣り合い

A (1) ① (2) ④ (3) ② (4) ⑤ (5) ③

14
(1) **socialize**　(2) **pollutant**　(3) **would-be**　(4) **bombing**　(5) **shield**

① 汚染物質　② 盾／守る　③ 〜になるつもりの　④ 打ち解けて付き合う　⑤ 爆撃

A (1) ④ (2) ① (3) ③ (4) ⑤ (5) ②

15
(1) **dawn**　(2) **explode**　(3) **ration**　(4) **deportation**　(5) **effectively**

① 夜が明ける・わかり始める／夜明け・始まり　② 事実上　③ 爆発する　④ 割り当て／制限する　⑤ 国外追放・強制送還

A (1) ① (2) ③ (3) ④ (4) ⑤ (5) ②

Set 1	Set 2	Set 3	Set 4	Set 5	Set 6
/	/	/	/	/	/

16 (1) trifle (2) spatial (3) exile (4) restoration (5) dexterity

① 些細なこと ② 器用さ ③ 追放(者)／国外追放する ④ 修復・復興 ⑤ 空間の

A (1) ① (2) ⑤ (3) ③ (4) ④ (5) ②

17 (1) resilience (2) ritual (3) overdo (4) feat (5) punctuation

① 回復力 ② やり過ぎる ③ 儀式・日常のルーティーン（習慣的行為） ④ 句読点
⑤ 偉業

A (1) ① (2) ③ (3) ② (4) ⑤ (5) ④

18 (1) disproportionately (2) branch (3) vibrant (4) contend (5) addiction

① 競う・議論する ② 枝・支店 ③ 偏って ④ 依存・中毒 ⑤ 活気に満ちた

A (1) ③ (2) ② (3) ⑤ (4) ① (5) ④

19 (1) skim (2) affection (3) commemorate (4) stool (5) fraud

① イス ② 愛情 ③ 祝う ④ ざっと目を通す ⑤ 詐欺

A (1) ④ (2) ② (3) ③ (4) ① (5) ⑤

20 (1) comprehensive (2) embassy (3) notwithstanding (4) strain (5) stray

① 道に迷った・家がない／はぐれる ② ～にもかかわらず ③ 理解力がある・包括的な
④ 緊張・ストレス／引っ張る・緊張させる ⑤ 大使館

A (1) ③ (2) ⑤ (3) ② (4) ④ (5) ①

次の(1)〜(5)の単語の意味を、①〜⑤から選びなさい。

21
(1) **moderate**　(2) **realm**　(3) **starvation**　(4) **scan**
(5) **foul**

① 領域　② 適度な・並みの・穏やかな　③ 汚い
④ 注意深く調べる・ざっと見る／注意深い調査　⑤ 飢餓

A　(1) ②　(2) ①　(3) ⑤　(4) ④　(5) ③

22
(1) **warfare**　(2) **supreme**　(3) **shallow**
(4) **accommodation**　(5) **harsh**

① 戦争(状態)　② 最高の　③ 宿泊施設・収容力　④ 浅い　⑤ 厳しい・不快な

A　(1) ①　(2) ②　(3) ④　(4) ③　(5) ⑤

23
(1) **nutrient**　(2) **unfold**　(3) **jail**　(4) **blank slate**
(5) **denounce**

① 白紙状態　② 栄養になるもの／栄養になる　③ 非難する　④ 刑務所　⑤ 展開する

A　(1) ②　(2) ⑤　(3) ④　(4) ①　(5) ③

24
(1) **self**　(2) **proficient**　(3) **devotion**　(4) **sanctuary**
(5) **lapse**

① 自己　② 聖域　③ 上手な　④ 経過する・失効する／過失　⑤ 献身・愛情

A　(1) ①　(2) ③　(3) ⑤　(4) ②　(5) ④

25
(1) **immersion**　(2) **fruitful**　(3) **dictate**　(4) **landfill**
(5) **immigrate**

① 書き取らせる・指示する　② 移住する・移住させる　③ 埋立地・ゴミ投棄場
④ 浸すこと・没頭　⑤ 有益な

A　(1) ④　(2) ⑤　(3) ①　(4) ③　(5) ②

26
(1) **kidnap** (2) **liable** (3) **mandatory** (4) **resume** (5) **mercy**

① 誘拐する／誘拐　② 再開する　③ 傾向がある・法的責任がある　④ 義務の　⑤ 慈悲

A (1) ①　(2) ③　(3) ④　(4) ②　(5) ⑤

27
(1) **assign** (2) **asylum** (3) **pneumonia** (4) **persecute** (5) **emigrate**

① 肺炎　② 亡命・避難　③ (他国へ)移住する　④ 割り当てる・任命する
⑤ 迫害する・苦しめる

A (1) ④　(2) ②　(3) ①　(4) ⑤　(5) ③

28
(1) **icon** (2) **gross** (3) **transit** (4) **negotiable** (5) **disrupt**

① アイドル　② 交渉できる　③ 通過・トランジット（別の飛行機への乗り換え）
④ 分裂させる・中断させる・混乱させる　⑤ 全部の

A (1) ①　(2) ⑤　(3) ③　(4) ②　(5) ④

29
(1) **provable** (2) **backfire** (3) **disqualified** (4) **purify** (5) **homogeneous**

① 同種の　② 浄化する　③ 証明できる　④ 裏目に出る　⑤ 資格を失った

A (1) ③　(2) ④　(3) ⑤　(4) ②　(5) ①

30
(1) **civic** (2) **misconceive** (3) **dissonance** (4) **bulk** (5) **assembly**

① 市民の　② 不協和　③ 集合・組み立て　④ 誤解する　⑤ 容積・大部分

A (1) ①　(2) ④　(3) ②　(4) ⑤　(5) ③

次の(1)〜(5)の単語の意味を、① 〜 ⑤ から選びなさい。

31

(1) **obsolete**　(2) **asymmetrical**　(3) **expel**
(4) **confidential**　(5) **disregard**

① 非対称の　② 廃れた　③ 追い出す・排出する　④ 無視する／無視・軽視　⑤ 秘密の

A　(1) ②　(2) ①　(3) ③　(4) ⑤　(5) ④

32

(1) **equalize**　(2) **equilibrium**　(3) **retain**
(4) **influential**　(5) **overwhelming**

① 圧倒的な・大変な　② 保持する・覚えている　③ 影響力がある　④ つり合い・平静
⑤ 等しくする

A　(1) ⑤　(2) ④　(3) ②　(4) ③　(5) ①

33

(1) **knowledgeable**　(2) **torture**　(3) **gloss**
(4) **infrastructure**　(5) **acquired**

① 光沢　② 苦痛・暴行／苦しめる・暴行する　③ インフラ（社会生活の基盤となる設備）
④ 後天的な　⑤ 精通している

A　(1) ⑤　(2) ②　(3) ①　(4) ③　(5) ④

34

(1) **invade**　(2) **dimension**　(3) **rapport**
(4) **inconsistent**　(5) **theorize**

① 次元・面積・寸法　② 侵入する・殺到する　③ 理論を立てる
④ 一貫性がない・矛盾するような　⑤ 人間関係

A　(1) ②　(2) ①　(3) ⑤　(4) ④　(5) ③

35

(1) **conspiracy**　(2) **vice versa**　(3) **conscientious**
(4) **irreplaceable**　(5) **tradeoff[trade-off]**

① 良心的な・慎重な　② 逆も同様である　③ 取り替えがきかない　④ トレードオフ
⑤ 陰謀

A　(1) ⑤　(2) ②　(3) ①　(4) ③　(5) ④

Set 1	Set 2	Set 3	Set 4	Set 5	Set 6
/	/	/	/	/	/

36
(1) **embody**　(2) **cue**　(3) **embryo**　(4) **self-perception**
(5) **dare**

① 具体化する　② 合図・手掛かり　③ あえて〜する・〜する勇気がある／あえて〜する
④ 自己認識　⑤ 胎芽（たいが）

A　(1) ①　(2) ②　(3) ⑤　(4) ④　(5) ③

37
(1) **extensive**　(2) **bulky**　(3) **counterproductive**
(4) **fabric**　(5) **beware**

① かさばった　② 注意する　③ 広範囲に及ぶ　④ 織物・構造　⑤ 逆効果の

A　(1) ③　(2) ①　(3) ⑤　(4) ④　(5) ②

38
(1) **detention**　(2) **doctrine**　(3) **discourse**
(4) **livelihood**　(5) **extravagant**

① 主義・教義　② 会話・講演　③ 生活　④ 拘置・留置　⑤ 法外な

A　(1) ④　(2) ①　(3) ②　(4) ③　(5) ⑤

39
(1) **ongoing**　(2) **binding**　(3) **federal**　(4) **invoke**
(5) **maneuver**

① 連邦政府の　② 戦術／操る　③ 呼び起こす　④ 拘束力がある　⑤ 進行している

A　(1) ⑤　(2) ④　(3) ①　(4) ③　(5) ②

40
(1) **unintelligible**　(2) **iconic**　(3) **openness**
(4) **administer**　(5) **assimilate**

① 同化する・取り入れる　② 理解できない　③ 管理する・投与する　④ 開放性
⑤ 象徴的な

A　(1) ②　(2) ⑤　(3) ④　(4) ③　(5) ①

予備校での絶景

　予備校では夏期講習で「1000単語習得法」を話したのですが、いつも最後にこう言いました。

> 　以上で夏休み中に単語1000個をマスターできる。ぜひやってくれよな。で、9月の最初の授業で必ず聞くから。「1000単語やった人、手を挙げて！」って。そのとき、堂々と手を挙げられるか、はたまた気まずそうな苦笑いになるか…頼むぞ！

　そして実際に、9月の授業で聞きました。残念ながら全員ではないのですが、手を挙げた生徒の顔はイキイキとしていました。クラスによっては200人教室でも95％以上の生徒が手を挙げます。

　絶景です。

　普段授業中に手を挙げるなんてことをしない、大人びた高校生たちが、堂々と手を挙げる。しかも教室の全体でそれが起きる。教壇から見る、その光景は圧巻です。きっと生徒たちはもっと素晴らしい気持ちを抱いたはずです。

　ぜひみなさんにもあの快感を味わってほしいと思います。そしていつかどこかでお会いすることがあれば、言ってください。「1000単語、私もやりました！」と。

+ α

本編の1000の単語よりは
「重要度が下がる・知っている人が多い・基本的すぎる・ちょっと細かい」
などの単語です。余裕があれば目を通してください。

宇宙

- [ ] asteroid [ǽstərɔ̀ɪd] 名小惑星
- [ ] biosphere [báɪəsfɪər] 名生物圏
- [ ] gravitational [græ̀vətéɪʃənl]
  形引力の・重力の
- [ ] debris [dəbríː] 名残骸・ゴミ
- [ ] trajectory [trədʒéktəri] 名軌跡

学問

- [ ] geometry [dʒiáːmətri] 名幾何学
- [ ] interdisciplinary [ìntərdísəpləneri]
  形学際的な
- [ ] methodological [mèθədəláːdʒɪkl]
  形方法論的な
- [ ] deduction [dɪdʌ́kʃən]
  名推論・演繹法・控除 (額)
- [ ] deductive [dɪdʌ́ktɪv] 形演繹の
- [ ] inductive [ɪndʌ́ktɪv] 形帰納の

学校

- [ ] proofread [prúːfrìːd] 動校正する
- [ ] recess [ríːses] 名 (小学校の) 休み時間
- [ ] recite [rìːsáɪt] 動暗唱する
- [ ] plagiarism [pléɪdʒərìzm]
  名盗用・剽窃

- [ ] preschooler [príːskùːlər]
  名未就学児・幼稚 [保育] 園児
- [ ] bachelor [bǽtʃələr]
  名学士・独身男性
- [ ] cram [krǽm]
  動詰め込む・詰め込み勉強をする
- [ ] extracurricular [èkstrəkəríkjələr]
  形教科外の

感情

- [ ] extraversion [èkstrəvə́ːrʒən]
  名外向性
- [ ] agreeableness [əgríːəblnəs]
  名協調性
- [ ] easygoing [íːzigóuɪŋ] 形のんきな
- [ ] adorable [ədɔ́ːrəbl]
  形非常にかわいい [いとしい]
- [ ] amicable [ǽmɪkəbl]
  形友好的な・平和的な
- [ ] apathy [ǽpəθi] 名無感動・無関心
- [ ] appall [əpɔ́ːl] 動ぞっとさせる
- [ ] attentive [əténtɪv] 形注意深い
- [ ] avid [ǽvɪd] 形熱心である
- [ ] captivate [kǽptəvèɪt]
  動魅了する・〜の心を奪う

- [ ] complacent [kəmpléɪsnt]
  形 自己満足した
- [ ] conceit [kənsíːt] 名 うぬぼれ
- [ ] console [kənsóul] 動 慰める
- [ ] contempt [kəntémpt] 名 軽蔑
- [ ] contentment [kɑːnténtmənt] 名 満足
- [ ] crave [kréɪv] 動 切望する
- [ ] daring [déərɪŋ] 形 大胆な・勇敢な
- [ ] daunting [dɔ́ːntɪŋ]
  形 人の気力をくじく・非常に困難な
- [ ] deceptive [dɪséptɪv]
  形 人を惑わすような
- [ ] deplore [dɪplɔ́ːr] 動 嘆く
- [ ] discontent [dìskəntént] 名 不満
- [ ] entice [ɪntáɪs] 動 誘う
- [ ] furious [fjúəriəs]
  形 激怒した・猛烈な
- [ ] fury [fjúəri] 名 激怒
- [ ] generosity [dʒènərásəti]
  名 気前のよさ・寛容
- [ ] gloomy [glúːmi] 形 薄暗い・憂鬱な
- [ ] grin [grín]
  動 にやりとする・にこっと笑う
- [ ] hatred [héɪtrɪd] 名 憎悪
- [ ] hilarious [hɪléəriəs]
  形 大笑いさせる(ような)・陽気な
- [ ] incite [ɪnsáɪt] 動 励ます・刺激する
- [ ] indecent [ɪndíːsnt] 形 下品な
- [ ] indecisive [ìndɪsáɪsɪv]
  形 優柔不断な・決定的でない
- [ ] indignant [ɪndígnənt] 形 憤慨した

- [ ] mischievous [místʃivəs]
  形 いたずら(好き)な・害を及ぼす
- [ ] naughty [nɔ́ːti] 形 行儀が悪い
- [ ] outrageous [àutréɪdʒəs]
  形 法外な・途方もない
- [ ] rage [réɪdʒ] 名 激怒・猛威
- [ ] rash [ræʃ] 形 軽率な
- [ ] resent [rɪzént] 動 憤慨する
- [ ] scorn [skɔ́ːrn] 名 軽蔑
- [ ] sincerity [sɪnsérəti] 名 誠実
- [ ] sly [sláɪ] 形 ずる賢い
- [ ] sympathize [símpəθàɪz] 動 共感する
- [ ] tease [tíːz] 動 からかう・いじめる
- [ ] tedious [tíːdiəs] 形 退屈な
- [ ] temperament [témpərəmənt]
  名 気質・気性
- [ ] upright [ʌ́pràɪt] 形 真っすぐな・正直な
- [ ] wary [wéəri] 形 用心深い
- [ ] watchful [wɑ́ːtʃfl] 形 用心深い
- [ ] weary [wíəri]
  形 疲れ果てた・うんざりした
- [ ] yearn [jə́ːrn] 動 切に望む
- [ ] zeal [zíːl] 名 熱意
- [ ] agitate [ǽdʒətèit] 動 興奮させる
- [ ] anguish [ǽŋgwɪʃ] 名 苦悩
- [ ] arrogant [érəgənt]
  形 尊大な・傲慢な
- [ ] brutal [brúːtl] 形 残酷な・無情な
- [ ] choke [tʃóuk]
  動 むせさせる・詰まらせる
- [ ] cordial [kɔ́ːrdʒəl] 形 心からの
- [ ] cordially [kɔ́ːrdʒəli] 副 心を込めて

- [ ] dubious [d(j)ú:biəs]
  形 疑って・疑わしい

- [ ] empathy [émpəθi] 名 共感

- [ ] fool [fú:l] 動 だます

- [ ] insane [ɪnséɪn]
  形 精神異常の・正気でない

- [ ] pathetic [pəθétɪk] 形 哀れを誘う

- [ ] ridicule [rídɪkjù:l]
  動 あざける・嘲笑する

- [ ] thoughtlessly [θɔ́:tləsli] 副 軽率に

- [ ] agony [ǽgəni] 名 苦痛・苦悩

- [ ] despise [dɪspáɪz] 動 軽蔑する

- [ ] detest [dɪtést] 動 ひどく嫌う

- [ ] lament [ləmént] 動 嘆く

- [ ] lure [lúər] 動 引きつける

- [ ] mock [má:k] 動 ばかにする・からかう

- [ ] sorrow [sá:rou] 名 悲しみ

- [ ] weep [wí:p] 動 泣く

- [ ] humility [hju:míləti] 名 謙虚

- [ ] cynical [sínɪkl] 形 冷笑的な

- [ ] deceive [dɪsí:v] 動 だます

- [ ] disgust [dɪsgʌ́st] 動 むかつかせる

- [ ] greed [grí:d] 名 強欲

- [ ] absently [ǽbsəntli] 副 ぼんやりして

- [ ] affectionate [əfékʃənət]
  形 愛情がある

- [ ] animate [ǽnəmèɪt]
  動 命を吹き込む・元気づける

- [ ] apprehension [æ̀prɪhénʃən]
  名 不安・懸念

- [ ] allure [əlúər] 名 魅力

- [ ] accidental [æ̀ksədéntl] 形 偶然の

- [ ] accidentally [æ̀ksədéntəli]
  副 偶然に・誤って

グラフ

- [ ] proportionate [prəpɔ́:rʃənət]
  形 比例して

- [ ] spike [spáɪk]
  動 急上昇する・急増する

- [ ] diminish [dɪmínɪʃ] 動 減らす・減る

- [ ] median [mí:diən] 名 中央値

- [ ] plummet [plʌ́mət]
  動 急激に落ちる・急激に下がる

- [ ] skyrocket [skáɪrà:kət] 動 急上昇する

- [ ] dwindle [dwíndl]
  動 どんどん小さくなる

- [ ] overtake [òuvərtéɪk] 動 追い越す

言語

- [ ] lingua franca [língwə frǽŋkə]
  名 リンガフランカ (国際共通語)

- [ ] vowel [váuəl] 名 母音

- [ ] simile [sí:məli] 名 直喩

- [ ] syllable [síləbl] 名 音節・シラブル

- [ ] consonant [ká:nsənənt] 名 子音

New! 最新

- [ ] friend [frénd]
  動 (SNSで)〜を友だちリストに追加する

- [ ] contaminated water
  [kəntǽməneɪtɪd wá:tər] 名 汚染水

- [ ] humanoid [hjú:mənɔ̀ɪd]
  形 ヒトの形をした

- carbon footprint [ká:rbən fútprınt]
  名カーボンフットプリント・二酸化炭素
  排出量
- good cause [gúd kɔ́:z]
  名正当な理由・大儀
- winner-take-all [wínərtéıká:l]
  形勝者が全てを得る・勝者独り占めの
- on-line troll [à:nláın tróul]
  名ネット荒らし
- spoiler alert [spɔ́ılər əlɔ́:rt]
  名ネタバレ注意
- digital detox [dídʒətl dí:tàks]
  名デジタルデトックス
- petition drive [pətíʃən dráıv]
  名署名活動
- entry [éntri] 名 (SNSの)記事
- online tutorial [à:nláın t(j)u(:)tɔ́:riəl]
  名オンラインの説明書
- screen time [skrí:n táım] 名 (ゲームやス
  マホの)画面を見ている時間
- netiquette [nétıkət] 名ネチケット
- glass ceiling [glǽs sí:lıŋ]
  名ガラスの天井 (見えない障壁)
- lockdown [lá:kdàun]
  名ロックダウン・封鎖
- cryptocurrency [kríptəká:rənsi]
  名暗号通貨
- decarbonize [dì:ká:rbənàız]
  動脱炭素化する
- disinformation [dısìnfərméıʃən]
  名故意の誤報・デマ
- encrypt [ınkrípt] 動暗号化する

- nerd [nə́:rd] 名オタク
- geek [gí:k] 名オタク
- dis[diss] [dís] 動ディスる (批判する)
- grit [grít] 名根性
- automated [ɔ́:təmèıtıd]
  形オートメーション化された
- gender-balanced [dʒéndərbǽlənst]
  形男女のバランスが取れた

仕事

- permanent job [pə́:rmənənt dʒá:b]
  名正社員としての仕事
- acceptance letter [əkséptəns létər]
  名採用通知
- commuter [kəmjú:tər] 名通勤者
- credential [krədénʃəl] 名資格・経歴
- fundraiser [fʌ́ndrèızər]
  名資金調達者
- hands-on [hǽndzá:n] 形実地の
- minutes [mínəts] 名議事録
- outsource [àutsɔ́:rs] 動外注する
- plumbing [plʌ́mıŋ]
  名配管 (配管業・配管工事・配管設備)
- startup [stá:rtʌ̀p] 名新興企業
- takeover [téıkòuvər] 名企業買収
- turnover [tə́:rnòuvər] 名離職
- understaffed [ʌ̀ndərstǽft]
  形人手不足の
- vocation [voukéıʃən] 名天職
- workaholic [wə̀:rkəhá:lık]
  名仕事中毒の人
- affiliate [əfílièıt] 名系列会社

- [ ] affiliated [əfílièɪtɪd] 形 提携した
- [ ] affiliation [əfìliéɪʃən] 名 提携・合併
- [ ] freelance [fríːlæns] 名 フリーランス
- [ ] inventory [ínvəntɔ̀ːri]
  名 在庫品・在庫目録
- [ ] invoice [ínvɔɪs] 名 請求書
- [ ] prototype [próutətàɪp]
  名 プロトタイプ（試作品・原型）
- [ ] retiree [rɪtàɪəríː] 名 退職者
- [ ] shareholder [ʃéərhòuldər] 名 株主
- [ ] screening [skríːnɪŋ]
  名 選考・スクリーニング
- [ ] calling [kɔ́ːlɪŋ] 名 天職
- [ ] commission [kəmíʃən]
  名 委任・委託
- [ ] entrust [ɪntrʌ́st] 動 委託する
- [ ] pending [péndɪŋ] 形 未定の
- [ ] overhead [óuvərhèd]
  形 頭上の・間接費の

宗教

- [ ] devout [dɪváut] 形 敬虔な
- [ ] monk [mʌ́ŋk] 名 修道士・僧
- [ ] pious [páɪəs] 形 信心深い
- [ ] theology [θi(:)áːlədʒi] 名 神学
- [ ] pilgrim [pílgrəm] 名 巡礼者・旅人
- [ ] rite [ráɪt] 名 （宗教的・厳粛な）儀式
- [ ] sect [sékt] 名 宗派
- [ ] creed [kríːd] 名 信条・宗教
- [ ] mythology [mɪθáːlədʒi] 名 神話（学）
- [ ] deity [díːəti] 名 神

身体

- [ ] pelvis [pélvɪs] 名 骨盤
- [ ] visually impaired [víʒuəli ɪmpéərd]
  形 目の不自由な
- [ ] itch [ítʃ] 動 （体の部分が）かゆい
- [ ] lick [lík] 動 なめる
- [ ] limb [lím] 名 手足
- [ ] reflex [ríːfleks] 名 反射
- [ ] saliva [səláɪvə] 名 唾液
- [ ] scar [skáːr] 名 傷跡
- [ ] breast [brést] 名 胸
- [ ] numb [nʌ́m] 形 無感覚な・しびれた
- [ ] fingerprint [fíŋgərprìnt] 名 指紋
- [ ] skull [skʌ́l] 名 頭蓋骨
- [ ] bleed [blíːd] 動 出血する
- [ ] blood vessel [blʌ́d vésl] 名 血管
- [ ] footprint [fútprìnt] 名 足跡

生活

- [ ] queue [kjúː] 名 列
- [ ] reunification with family members
  [rìjùːnəfɪkéɪʃən wíθ fǽmli mémbərz]
  名 家族と再会すること
- [ ] couch potato [káutʃ pətéɪtou]
  名 ソファに寝そべってテレビばかり見て
  いる人
- [ ] ratings [réɪtɪŋz] 名 視聴率
- [ ] top-of-the-line [tɑ́:pəvðəláɪn]
  形 （同機種の中で）最上位機種の
- [ ] dealership [díːlərʃìp] 名 販売特約店
- [ ] ballroom [bɔ́ːlrùːm] 名 宴会場

- □ barn [bá:rn]
  名 (農家の)納屋・家畜小屋
- □ bash [bǽʃ]
  動 激しく非難する・バッシングする
- □ bud [bʌ́d] 名 芽・つぼみ
- □ charitable [tʃérətəbl] 形 慈善の
- □ choir [kwáiər] 名 聖歌隊
- □ chuckle [tʃʌ́kl] 動 クスッと笑う
- □ clutch [klʌ́tʃ] 動 ぐっとつかむ
- □ cozy [kóuzi] 形 居心地のよい
- □ ascend [əsénd] 動 上がる
- □ devour [dɪváuər] 動 むさぼり食う・むさぼるように読む[眺める]
- □ drowsiness [dráuzinəs] 名 眠気
- □ drowsy [dráuzi]
  形 眠い・眠気を催させる
- □ elevate [éləvèit] 動 高める
- □ errand [érənd] 名 (人の)使い・用足し
- □ exclaim [ɪkskléim] 動 叫ぶ
- □ exhale [ekshéil]
  動 (息・煙・言葉などを)吐き出す
- □ fetch [fétʃ] 動 持ってくる・連れて来る
- □ flare [fléər] 動 ぱっと燃え上がる
- □ flash [flǽʃ] 動 ぴかっと光る
- □ flip [flíp] 動 (本を)パラパラと読む
- □ fumble [fʌ́mbl] 動 手探りする
- □ garment [gá:rmənt] 名 衣服
- □ glare [gléər] 動 にらみつける・(太陽などが)ぎらぎら光る
- □ grind [gráind] 動 (穀物などを)ひく
- □ inhale [ɪnhéil] 動 吸い込む

- □ last-minute [læstmínət]
  形 土壇場の
- □ memento [məméntou]
  名 思い出となるもの・記念品
- □ mortgage [mɔ́:rgidʒ] 名 住宅ローン
- □ mumble [mʌ́mbl] 動 ぶつぶつ言う
- □ murmur [má:rmər]
  動 ささやく・ざわめく
- □ mutter [mʌ́tər] 動 つぶやく
- □ odor [óudər] 名 におい・気配
- □ overhear [òuvərhíər] 動 ふと耳にする
- □ perspire [pərspáiər] 動 汗をかく
- □ query [kwíəri] 名 問い合わせ・検索
- □ rattle [rǽtl] 動 がたがた音がする
- □ reimburse [rì:imbá:rs] 動 払い戻す
- □ respondent [rɪspá:ndənt] 名 回答者
- □ riverbank [rívərbæ̀ŋk] 名 川岸・土手
- □ roam [róum] 動 歩き回る
- □ scrap [skrǽp] 動 捨てる
- □ scribble [skríbl]
  動 書きなぐる・走り書きする
- □ sewage [sú:idʒ] 名 下水(汚物)・汚水
- □ shoplift [ʃá:plìft] 動 万引きする
- □ shriek [ʃrí:k] 動 悲鳴(のような声)を上げる・甲高い声[音]を出す
- □ shudder [ʃʌ́dər] 動 身震いする
- □ slap [slǽp] 動 (平手で)たたく
- □ sneak [sní:k] 動 こっそり歩く
- □ sneer [sníər] 動 あざ笑う
- □ snooze [snú:z]
  動 居眠りする
- □ snore [snɔ́:r] 動 いびきをかく

- ☐ stroll [stróul]
  - 動 ぶらぶら歩く・散歩する
- ☐ tomb [túːm] 名 墓
- ☐ unwind [ʌnwáind] 動 ほどく・くつろぐ
- ☐ utterance [ʌ́tərəns] 名 発言
- ☐ attic [ǽtɪk] 名 屋根裏部屋
- ☐ brick [brík] 名 れんが
- ☐ cardboard [káːrdbɔ̀ːrd] 名 段ボール
- ☐ comb [kóum] 名 くし
- ☐ dump [dʌ́mp] 動 投棄する・落とす
- ☐ mischief [místʃif] 名 いたずら
- ☐ ornament [ɔ́ːrnəmənt] 名 装飾(品)
- ☐ outgo [áutgou] 名 支出・出費
- ☐ rag [rǽg] 名 ぼろきれ
- ☐ riddle [rídl]
  - 名 なぞなぞ・不可解な人[もの・事実]
- ☐ surcharge [sə́ːrtʃɑ̀ːrdʒ] 名 追加料金
- ☐ unload [ʌnlóud] 動 (荷物を)降ろす
- ☐ voucher [váutʃər]
  - 名 引換券・クーポン券
- ☐ crack [krǽk] 名 鋭い音・割れ目
- ☐ flatter [flǽtər] 動 お世辞を言う
- ☐ scatter [skǽtər] 動 まき散らす
- ☐ sneeze [sníːz] 動 くしゃみをする
- ☐ valuables [vǽljuəblz] 名 貴重品
- ☐ applaud [əplɔ́ːd] 動 拍手する
- ☐ applause [əplɔ́ːz] 名 拍手(喝采)
- ☐ fountain [fáuntn] 名 噴水
- ☐ landmark [lǽndmàːrk]
  - 名 目印・名所
- ☐ well [wél] 名 井戸
- ☐ ward [wɔ́ːrd] 名 病棟・行政区

- ☐ consultation [kàːnsəltéɪʃən]
  - 名 相談・診察
- ☐ creep [kríːp] 動 這う・ゆっくり動く
- ☐ retail [ríːteɪl] 形 小売りの
- ☐ retailer [ríːteɪlər] 名 小売業者
- ☐ wholesale [hóulsèɪl] 形 卸売りの
- ☐ specifications [spèsəfikéɪʃənz]
  - 名 詳細・仕様書
- ☐ abridged [əbrídʒd] 形 要約された
- ☐ adjacent [ədʒéɪsnt]
  - 形 近接[隣接]した

🐾 生物

- ☐ beak [bíːk] 名 くちばし
- ☐ sloth [slɔ́ːθ] 名 ナマケモノ
- ☐ avian [éɪviən] 形 鳥の
- ☐ paleontologist [pèɪlɑːntɑ́lɑːdʒɪst]
  - 名 古生物学者
- ☐ cerebral cortex [sérəbrəl kɔ́ːrteks]
  - 名 大脳皮質
- ☐ hippocampus [hìpəkǽmpəs]
  - 名 海馬
- ☐ chromosome [króuməzòum]
  - 名 染色体
- ☐ claw [klɔ́ː] 名 (鳥・動物の)つめ
- ☐ fetus [fíːtəs] 名 胎児
- ☐ flock [flάːk] 名 群れ・群集
- ☐ fossilized [fάːsəlàɪzd]
  - 形 化石化した・時代遅れの
- ☐ fracture [frǽktʃər]
  - 名 骨折・割れ目・裂け目
- ☐ hatch [hǽtʃ] 動 孵化させる・孵化する

□ herd [háːrd] 名群れ

□ hive [háɪv] 名ミツバチの巣

□ sniff [sníf] 動嗅ぐ・クンクン嗅ぐ

□ vein [véɪn] 名血管・静脈

□ botanical [bətǽnɪkl]
　形植物の・植物(学)上の

□ botany [bάtəni] 名植物学

□ nectar [néktər] 名花の蜜

□ neurological [n(j)ùəroulάːʤɪkl]
　形神経(病)学の

□ organism [ɔ́ːrgənìzm]
　名有機体・生物

□ anatomy [ənǽtəmi] 名解剖(学)

□ flesh [fléʃ] 名肉

□ heredity [hərédəti] 名遺伝・世襲

□ microbe [máɪkroub] 名微生物

□ toddler [tάːdlər]
　名よちよち歩きの幼児

□ natural selection [nǽʧərəl səlékʃən]
　名自然淘汰

□ suck [sʌ́k] 動吸う

□ wither [wíðər]
　動しおれる・衰える・弱らせる

□ hereditary [hərédətèri]
　形遺伝的な・世襲(制)の

📍 場所

□ channel [ʧǽnl] 名海峡

□ county [káunti] 名(アメリカの)郡

□ equator [ɪkwéɪtər] 名赤道

□ hemisphere [héməsfìər] 名半球

□ horizontal [hɔ̀ːrəzάːntl]
　形地平線上の・横の

□ altitude [ǽltət(j)ùːd] 名高度・標高

□ hub [hʌ́b]
　名(活動・関心などの)中心・中枢

👥 人

□ advocate [ǽdvəkèit] 名主張者

□ apprentice [əpréntɪs] 名見習い

□ broker [bróukər]
　動仲介[調停役]をする

□ bystander [báɪstændər] 名傍観者

□ geologist [ʤiάːləʤɪst] 名地質学者

□ guardian [gάːrdiən] 名保護者

□ proponent [prəpóunənt] 名支持者

□ attorney [ətə́ːrni] 名弁護士・代理人

□ beggar [bégər] 名乞食

□ chairman [ʧéərmən]
　名議長・司会者

□ contributor [kəntríbjuːtər]
　名寄付する人・寄稿者

□ coward [káuərd] 名臆病者

□ guerrilla [gərílə]
　名ゲリラ兵・遊撃隊員

□ practitioner [præktíʃənər]
　名開業医・弁護士

□ offspring [ɔ́ːfsprɪŋ] 名子孫

□ peer [píər] 名仲間・同じ立場の人

□ aristocracy [ὲrɪstάːkrəsi]
　名貴族(社会)・支配階級

□ diplomat [dípləmæt] 名外交官

☐ subscriber [səbskráıbər]
　名(定額サービスの)加入者・契約者

🦠 病気

☐ hypertension [hàıpərténʃən]
　名高血圧(症)

☐ nauseous [nɔ́ːʃəs]
　形吐き気のする(ような)

☐ respiratory illness [réspərətɔ̀ːri ílnəs]
　名呼吸器疾患

☐ osteoporosis [à:stioupəróusəs]
　名骨粗しょう症

☐ tuberculosis [t(j)u(ː)bə̀ːrkjəlóusəs]
　名結核

☐ vomit [vá:mət] 動吐く

☐ antibiotic [æ̀ntibaıá:tık]
　名抗生物質

☐ dementia [dıménʃə] 名認知症

☐ diabetes [dàıəbí:tiz] 名糖尿病

☐ euthanasia [jù:θənéıʒə] 名安楽死

☐ frail [fréıl]
　形虚弱な・(ものが)壊れやすい

☐ frailty [fréılti] 名脆弱さ

☐ malady [mǽlədi] 名病気

☐ senile [sí:naıl] 形老人性認知症の

☐ chronic [krá:nık] 形慢性の

☐ chronically [krá:nikəli] 副慢性的に

☐ contagious [kəntéıʤəs]
　形(病気が)感染性の

☐ coma [kóumə] 名昏睡

☐ life expectancy [láıf ıkspéktənsi]
　名寿命

☐ lifespan [láıfspæ̀n] 名寿命

☐ terminal illness [tə́:rmənl ílnəs]
　名末期疾患

☐ antibody [ǽntibà:di] 名抗体

☐ asthma [ǽzmə] 名ぜんそく

☐ preventative [prıvéntətıv] 形予防の

☐ sanitation [sæ̀nətéıʃən]
　名公衆衛生(学)・下水設備

☐ heart attack [há:rt ətǽk]
　名心臓発作

☐ Alzheimer [á:ltshaımər]
　名アルツハイマー

🍲 料理

☐ additive [ǽdətıv] 名添加物

☐ carbohydrate [kà:rbouháıdreıt]
　名炭水化物

☐ cater [kéıtər] 動料理を賄う

☐ chop [ʧá:p] 動たたき切る

☐ dine [dáın] 動食事をする

☐ feast [fí:st] 名祝宴・楽しみ

☐ luncheon [lʌ́nʧən] 名昼食会

☐ appetizer [ǽpətàızər] 名前菜

☐ banquet [bǽŋkwət] 名宴会

☐ texture [tékstʃər] 名食感

🧳 旅行

☐ amenities [əménətiz]
　名設備・生活を快適にするもの

☐ box office [bá:ks á:fəs]
　名(劇場・映画館の)チケット売り場

☐ aboard [əbɔ́:rd] 副乗って・搭乗して

- [ ] aviation [èɪviéɪʃən] 名 航空(学)
- [ ] carrier [kériər] 名 航空会社
- [ ] crossing [krɔ́:sɪŋ] 名 交差点
- [ ] culinary [kʌ́lənèri] 形 料理の
- [ ] detour [díːtùər] 名 迂回路
- [ ] freight [fréɪt] 名 貨物・積み荷
- [ ] hut [hʌ́t] 名 小屋
- [ ] outing [áʊtɪŋ] 名 遠出・遠足
- [ ] cruise [krúːz] 動 巡航する・巡回する
- [ ] gateway [géɪtwèɪ] 名 入り口
- [ ] pathway [pǽθwèɪ] 名 小道・通路
- [ ] scenic [síːnɪk] 形 景色の(良い)
- [ ] pickup [píkʌ̀p] 名 迎えに行くこと
- [ ] puncture [pʌ́ŋktʃər] 名 パンク
- [ ] picturesque [pìktʃərésk]
      形 絵のような・美しい

本書に収録されている単語をアルファベット順に記しています。
太字は見出し語、細字は派生語です。

A

N

O

1 (standard level)

A

abroad
absolutely
academic
accent
acceptance
access
accomplish
account
accurate
accustom
ache
achievement
acquire
actual
actually
adapt
additionally
address
adequate
adjust
admire
admission
admit
adopt
advance
advise
affect
afford
agency
aggressive
agreement
ahead
aid
aim
aisle
alcohol
alike
amazed
ambition
ambitious

analogy
analyze
ancient
anger
angle
anniversary
anticipate
anxiety
anxious
anytime
apart
apologize
appeal
apply
appoint
appointment
approach
appropriate
approve
approximately
architecture
argue
arithmetic
arrange
arrow
art gallery
artificial
ash
ashamed
aspect
assistance
associate
astronomer
astronomy
atmosphere
attach
attempt
attitude
automation
available
avoid
awake

aware

B

background
baggage
bark
barometer
basis
bathe
bay
bear
beard
beg
behalf
being
belief
bend
beneficial
beverage
bias
bilingual
bill
bind
biography
biology
birth
birthrate
blame
blank
blind
blood
blow
boast
bookshelf
bore
boss
bother
bottled
bow
brand
breath
brief

brilliant
broad
broadcast
brow
Buddhism
bulb
bull
bury
business trip

C
cab
calm
campaign
candidate
capable
capacity
capital
capture
careless
cash
casual
category
cattle
caution
cell
certain
certainty
challenge
championship
chaos
charger
checkup
chemical
chemistry
chief
childcare
childhood
chill
choice
chore
citizen
claim
client

clinic
clone
closely
clue
coal
coast
code
colleague
column
combat
combination
combine
comfort
comfortable
comment
commit
common
communication
community
compete
competition
complete
completely
complex
complicated
conceal
concentrate
concept
concern
conclude
concrete
condition
conduct
conference
confidence
confident
congratulate
connection
conscious
consequence
consequently
conservative
conserve
consider

consideration
constant
construct
consult
consume
consumer
contain
container
context
contrary
contrast
control
converse
convey
convince
cooperate
copy
core
correct
cost
cough
coupon
cover
crash
crazy
creativity
crew
crime
criminal
crisis
criticism
criticize
crowd
cultivate
cultural background
cure
curiosity
curious
currency
current
currently
cycle

D

deadline
debt
debut
decade
declare
dedicate
defend
define
delay
delete
delicate
deliver
demand
democracy
demonstration
deny
depart
department
departure
depend
depth
deserve
desire
despair
despite
destination
destiny
detail
determine
developing
development
device
devote
diagnosis
diagram
diet
differ
digest
dining
direct
directly
dirt
disadvantage

disaster
discrimination
dispose
distant
distinguish
disturb
diversity
divide
division
divorce
document
domestic
donate
donor
double
doubt
download
downstairs
dozen
draft
dramatic
drown
drunk
due
dull
dust
duty
dynamic

E

eager
earn
economy
edge
edicate
edit
edition
educate
effect
efficient
elder
elect
election
element

elementary
emergency
emotion
emotional
emperor
employ
employer
enable
enemy
engineering
entertainment
enthusiastic
entire
equal
equally
era
erase
essential
establish
estate
estimate
eternal
evidence
evil
evolution
evolve
exact
examination
examine
except
exception
exclude
exhaust
exist
expand
explore
export
extend
extension
extreme

F

factor
failure

faith
fake
false
familiar
fantasy
fare
farther
fasten
fate
fatigue
fault
fear
fee
feedback
fellow
fiber
finance
financial
finite
fix
flat
flaw
flexible
flour
flow
fluent
fluently
fluid
flyer · flier
fog
following
forbid
foresee
forgive
form
formal
former
formerly
fortunate
fortunately
fortune
found
foundation
frank

frankly
frequently
frighten
frontier
fuel
full-time
fully
function
fund
further
furthermore
furthest

G
gain
gene
general
generally
generate
generous
genre
gently
global warming
glory
gone
goodness
gradually
grammar
gratitude
gravity
greeting
grocery
growth
guided
guideline
guilty

H
habitat
hardly
harmful
headline
headquarters
heal

heavily
height
hierarchy
highly
hire
holy
hood
hopeful
horizon
hospitality
housing
hug
humanity
humid
humor

I
ideal
ideology
idle
ignore
illusion
illustration
imitate
immediately
impact
impose
incident
income
inconvenience
increasingly
incredible
indeed
independent
indicate
individual
indoor
industry
inevitable
infant
inferior
inform
informal
ingredient

injure
injury
inner
innocent
innovation
innovative
inquire
insist
inspect
instinct
institution
instruct
instrument
intellectual
intelligence
intelligent
internal
interpret
interrupt
intersection
intimate
introduction
invest
investigate
irony
isolation

J
jealous
jewelry
journey
joyful

K
kingdom
knit

L
label
laboratory
laptop
latest
latter
laughter

lay
layer
layout
lazy
leadership
league
lean
leap
lecture
legacy
legend
leisure
length
lessen
lesser
license
lie
likely
linguist
link
liquid
literature
locally
logical
loose
lower
loyal
luckily
luggage

M
mad
mainly
maintain
majority
mansion
manual
manufacture
mass
master
maternity
mature
maximize
maximum

means
mechanic
medication
membership
mental
mention
mere
method
microwave
military
millionaire
minimize
minimum
minor
minority
missing
mist
modest
moist
mood
motion
motivate
motive
moving
multiple
murder

N
narrative
narrowly
nation
natural gas
navigate
navy
necessarily
necessity
nervous
nevertheless
none
nonetheless
non-governmental
normally
notify
nourish

nowadays

O
obey
object
observe
obstruct
obtain
obvious
occasion
occasionally
occupation
occupy
occur
odd
offline
omit
oppose
opposite
option
oral
ordinary
organize
organizer
originally
otherwise
outcome
overnight
overseas
owing

P
package
paid
palace
paragraph
parasite
parking
particular
part-time
passion
passive
path
patience

pause
payment
peak
peel
perceive
percentage
period
permanent
permit
personal information
personality
persuade
phase
phenomenon
philosophy
phrase
physician
pill
pillar
pillow
pity
plain
pleased
plenty
plug
poet
policy
polish
politician
politics
poll
pollen
pollute
popularity
position
possess
possibility
possibly
postpone
poverty
praise
precise
predict
prefer

preparation
preschool
preserve
pretend
prevent
previously
prime
prior
priority
prison
privacy
probable
process
production
productive
productivity
profit
progress
prohibit
promotion
pronounce
proper
proportion
propose
protection
protein
protest
proudly
prove
psychologist
psychology
punctual
punish
puppy
purchase
pure
pursue

Q
quantity
quit
quite
quote

R

raise
random
range
rapid
rare
rarely
rather
ray
react
reaction
recall
recognize
recommend
recovery
reduce
reduction
refer
reflect
reform
refresh
refuse
regard
region
regional
register
regret
regular
regularly
reject
relate
relative
reliable
relief
religion
rely
remain
remarkable
remind
remote
rent
repeatedly
reputation
request

require
resemble
reserve
resident
respond
response
responsibility
responsible
restrict
review
revolution
rewrite
rhythm
rid
rival
rob
root
rough
route
routine
royal
rude
rumor
rural
rush

S

sail
salary
satellite
scale
scarcely
scholarship
scope
script
second
secondhand
secretly
secure
security
seldom
selection
selfish
semester

senior
series
seriously
serve
service
shame
shift
shocking
shorten
sight
signal
signature
significant
silence
silk
silly
similarly
simply
single
skeleton
slave
slight
slightly
slip
smooth
soften
soil
soldier
sole
solid
soul
spacecraft
span
spare
spectator
spill
split
sponsor
state
steady
stimulate
stock
strategy
strictly

structure
stuff
substance
substitute
subtitle
suburb
success
sudden
suffer
sufficient
suggestion
suitable
sum
summary
summit
superior
suppose
surely
surface
surgeon
survival
suspect
sweat
syndrome

T
taboo
tail
target
tasty
tax
tend
tension
term
terminal
terrific
territory
terrorism
terrorist
thankful
theory
therapy
thief
thin

thorough
threat
threaten
thrill
throughout
thus
tidy
tight
timely
tip
tire
tiring
toll
tornado
totally
tourism
trace
tragedy
transfer
transform
transmit
transportation
treat
treatment
trend
trial
tribe
tricky
tropical
typical

U
ugly
ultimate
unable
uncomfortable
unfortunately
unit
unite
universe
unknown
unless
unlike
unlikely

upstairs
urge
urgent

V
vaccine
value
vary
vast
vehicle
version
versus
via
victim
virus
vision
visual
vital
vitality
vivid
vote
voyage

W
wage
warmth
warn
warranty
waste
weaken
wealthy
weight
wheel
widely
width
wisdom
wit
wizard
wooden
worth

Y
yearly
yell

2 (advanced level)

A
abandon
abnormal
abolish
absorb
abstract
absurd
abundant
abuse
accelerate
accessible
accommodate
accompany
accordingly
accumulate
accuse
acknowledge
acquisition
addictive
addition
adolescence
advanced
advertise
affair
affluent
affordable
agenda
aging society
agriculture
alcoholism
alert
alien
allergic
aloud
alternate
alternative
altogether
amateur
ambiguous
amuse
annoy
annual
anonymous

antique
apparent
apparently
appliance
applicable
applicant
application
appreciate
appreciation
apt
argument
arise
arms
arrangement
arrest
assemble
assert
assess
asset
assignment
assume
assumption
assure
astonish
atom
attain
attribute
auditorium
authentic
authority
authorize
autobiography
autograph
automatically
awaken
awkward

B
badly
ban
bankrupt
bare
barely
bargain

beat
belongings
betray
biodiversity
bond
boom
boost
bounce
bound
boundary
brand-new
breakdown
breakthrough
breed
bribe
broaden
brochure
browse
budget
bug
bully
burden
burst

C
calculate
capability
cast
cave
cease
celebrity
cellular
censor
censorship
certify
challenging
characteristic
characterize
charge
charismatic
charm
cheat
child raising
circumstance

cite
citizenship
civil
civilization
clarify
classify
cling
clinical
closure
coincide
coincidence
collaborate
collapse
colony
coming
command
commerce
commercial
commitment
companion
comparable
compatible
compel
compensate
competent
competitive
complaint
complement
compliment
complimentary
comply
component
compose
comprehend
concerning
concise
conditional
confess
confession
confirm
conflict
conform
confront
congress

conquer
conquest
conscience
consensus
consent
conservation
considerable
considerate
consist
consistent
conspire
constantly
constitute
constitution
contemplate
contemporary
contract
controversial
controversy
conveniently
conventional
convert
convict
cooperation
cooperative
coordinate
cope
corporation
correspond
corrupt
cosmetic
costly
council
counsel
counter
counterpart
countryside
craft
crawl
credit
criteria
critical
crucial
cyberbullying

D

decent
decisive
decline
dedicated
defeat
defect
deficient
deficit
definite
deforestation
degrade
delegate
deliberate
deliberately
demonstrate
dense
dependable
dependent
depict
deposit
depress
depression
deprive
derive
description
designate
desperate
destruction
detailed
detect
devoted
dialect
dig
digitally-connected
dilemma
diligent
disabled
discard
discipline
disclose
discourage
discriminate
dismay

dismiss
disorder
dispute
distinct
distinctive
distract
distraction
distribute
district
diverse
divine
domain
dominant
dominate
dormitory
downtown
drastic
dread
drift
drought
duplicate
duplication
durable

E

ease
economical
edible
editor
elaborate
electronic
electronically
eliminate
embarrass
embrace
emerge
emission
emit
emphasis
emphasize
empire
encounter
encyclopedia
endeavor

endlessly
endow
endure
enforce
engage
enhance
enjoyable
enlarge
enormous
enrich
enroll
ensure
envy
equip
equipment
equivalent
erupt
essence
esteem
ethical
ethic
evacuation
evaluation
evident
exaggerate
exceed
excel
exceptional
exceptionally
excess
excluding
exclusive
exclusively
excursion
execute
exert
exhibit
exhibition
expectancy
expecting
expense
experienced
expire
expose

exposure
exterior
extinct
extinction
extinguish
extract
extraordinary

F

face-to-face
facilitate
facility
faculty
fade
fairly
fame
familiarize
famine
fanatic
fancy
fascinate
fatal
favorable
feminine
fertile
fertility
feudal
figure
findings
fitness
flame
flourish
fluctuate
foretell
formation
formula
formulate
forum
foster
friction
frightened
fulfill
fundamental
funeral

fur
furnish

G
genetic
genuine
germ
gigantic
given
govern
grand
grant
grasp
grateful
grave
greenhouse effect
guarantee

H
handful
handle
harassment
hardship
haste
hazard
heighten
hesitate
highlight
honor
hostage
household
humidity
hybrid
hygiene
hypothesis

I
identical
identification
identify
identity
ignorance
ignorant
illegal

illuminate
illustrate
imitation
immediate
immense
immigrant
immigration
immune
implant
implement
implication
imply
impress
impressive
impulse
incentive
incline
inclusive
incorporate
independence
indifferent
indigenous
indispensable
industrial
industrious
inequality
inevitably
infamous
infection
infer
infinite
ingenious
inherent
inherit
initially
initiative
inject
injection
innate
insert
insight
instability
install
institute

insult
insurance
insure
intake
integral
integrate
intend
intensive
intention
interact
interaction
interfere
interior
intermediate
intrigue
intuition
invaluable
invisible
ironically
irritate
isolate
itinerary

J
justify

K
keen

L
launch
lawn
learned
legalize
legislation
liberal
lift
likelihood
likewise
limitation
linger
linguistic
literacy
literal

literally
literary
literate
litter
lively
livestock
living standard
loan
locate
longevity
loyalty

M
magnificent
makeup
mammal
manifest
manipulate
manuscript
marine
marvel
masculine
massive
mean
meanwhile
mechanism
medieval
memorable
memorize
mend
merchandise
merely
merger
mess
metabolic
metaphor
migrant
migrate
mine
minister
misbehavior
miserable
misguided
misidentify

mitigate
mixture
mode
modify
molecule
monarchy
monetary
monitor
monopoly
monotone
monotonous
moral
mortality
mostly
multicultural
multilingual
multinational
mutation
mutual
myth

N
naive
namely
nationalistic
nationality
nationwide
neat
neglect
negotiate
negotiation
neutral
noble
nominate
nonprofit
nonsense
nonverbal
norm
nowhere
numerous
nursing home
nurture
nutritious

O
obesity
objection
objective
obligation
oblige
obscure
observation
obstacle
offend
old-fashioned
opponent
oppress
orbit
organic
organization
outbreak
outline
outlook
outnumber
outstanding
outweigh
overall
overcome
overlook
overview
overweight
overwhelm
owe
ownership
ozone layer

P
pandemic
parallel
parliament
partial
partially
participation
particle
partly
passage
passionate
pastime

patent
paternity leave
peculiar
pedestrian
penetrate
pension
permanently
permission
persist
personnel
perspective
pharmacy
plot
poetry
political
pose
posture
potential
practical
precede
precisely
predecessor
prediction
pregnant
prehistoric
prejudice
prescribe
presence
preservation
prestige
prestigious
preventive
priceless
primarily
primary
primitive
principal
principle
privilege
probability
probe
procedure
proceed
profession

proficiency
profitable
profound
prolong
prominent
promising
promote
prompt
prone
properly
property
prospect
prospective
prosper
prosperous
protective
proverb
publication
puzzle

Q
qualify
quarrel
quest
questionnaire

R
racism
radical
rainforest
rate
rating
ratio
rational
reasonable
rebel
recession
recognition
recollect
reconsider
reconstruct
recruit
recyclable
reference

refined
refrain
refugee
refund
regain
regarding
regardless
regulation
reign
relation
relevant
relieve
religious
relocate
reluctant
remainder
remains
remark
remarkably
remedy
remodel
renewable
renovation
renowned
representative
repress
reproduce
republic
reschedule
reside
resign
resist
resolve
resort
respectable
respectful
respectfully
respectively
restore
restrain
retrieve
reunion
reveal
revenue

reverse
revise
revival
revive
revolve
reward
right-wing
riot
ripe
rocket
rotate
roughly
round-trip
ruin

S

sacrifice
sake
satisfactory
saving
scarce
scheme
scroll
seal
searchable
seclude
section
seek
seize
self-confidence
self-esteem
sensible
sensitive
sentence
separation
sequence
session
setting
settle
settlement
shameful
sharpen
shipment
shortly

short-term
shrink
sibling
side effect
significance
signify
simulate
simultaneous
sin
single-use
situate
skilled
skillful
slang
slavery
slot
soak
sociology
sophisticated
sore
sort
sow
specialize
specialty
specific
speculate
sphere
spin
spoil
squeeze
stable
stain
stalk
stangnant
staple
starve
statement
state-of-the-art
statistics
steel
steep
steer
stem
stereotype

stereotypical
stiff
stimulating
storage
strengthen
strike
striking
strip
strive
struggle
stumble
stunning
subjective
submit
subscribe
subscription
subsequent
substantial
subtle
suburban
suicide
summarize
superb
superficail
superstition
supervisor
supplement
supplies
suppress
surge
surpass
surplus
surrender
suspicious
sustain
sustainable
sway
swear
sweep
swell
symbolize
symptom
synthesize
synthetic

T

tackle
tale
talented
telegram
temporarily
temporary
tempt
tendency
terminate
testify
testimony
thesis
threatened
thrilling
thrive
tide
tighten
tissue
token
tolerable
tolerance
toxic
transact
transition
transparent
transplant
traumatic
treaty
tremble
tremendous
triumph
trivial
troublesome
trustworthy
tuition
tune
tutorial
typically

U

ultimately
ultraviolet rays
unconditional
uncover
undergo
undergraduate
underline
uneasy
unexpected
unfamiliar
unforgettable
uniquely
united
unprecedented
unstable
unveil
unwilling
upcoming
update
upload
upset
urban
usage
utility
utilize
utmost

V

vacant
vacate
vaccinate
vacuum
vague
vain
valid
vanish
veil
verbal
verify
vertical
vice
vicious
viewpoint
violate
violation
virtual
virtually
virtue
visible
visualize
volcano
voluntarily
vulnerable

W

wander
wasteful
weigh
well-being
well-informed
well-off
westernize
whiten
wicked
widen
widespread
widow
wing
withdraw
withhold
withstand
witness
workforce
worsen
worship
worthwhile
wound

Y

yield

3 (mastery level)

A

abbreviate
abdicate
abduct
abide
abortion
abrupt
acclaimed
accommodation
accomplished
accord
accordance
accounting
acquaint
acquaintance
acquired
activate
acute
addiction
adherence
adhesive
adjourn
administer
advent
adverse
aesthetic
affection
affirmation
affirmative
afflict
agonize
alienation
alignment
allegation
allege
allegedly
alleviate
alliance
allocate
allowance
ally
amend
ample

amplify
analytical
anarchy
anthem
antiquity
apparatus
appraisal
apprehend
aptitude
arbitrary
arguably
arouse
array
articulate
artifact
ascribe
assault
assembly
assertion
assign
assimilate
assort
assorted
asylum
asymmetrical
atrocity
audible
authorization
autism
autonomy
avail
avert
avoidance
await
awe

B

backbone
backdrop
backfire
backlash
baffle
bait
ballot

bar
barbarian
barren
beam
bearable
beckon
beware
bid
binding
biographical
bizarre
blank slate
blanket
blast
bleak
bless
blunder
bolster
bombing
branch
breach
breakout
breakup
breathtakingly
brisk
budding
bulk
bulky
bullet
bullish
burdensome
bureau
burnout
by-product

C

cabinet
calamity
captivity
care facility
carve
casualty
catastrophe
ceasefire

census
centralize
certificate
certified
cherish
chronological
circulate
circulation
civic
civilian
classified
clause
clear-cut
clumsy
cluster
coalition
coarse
coerce
cognitive
coherent
cohesion
collective
collision
commemorate
commence
commend
commendable
commodity
commonplace
compelling
compensation
competence
compile
compliance
complicate
compound
comprehensive
compression
comprise
compromise
compulsive
compulsory
concede
conceivable

conceive
conception
concession
conclusive
condemn
condense
condolence
confederation
confidential
confine
confiscate
confrontation
connotation
conscientious
consecutive
consistency
consolidate
conspicuous
conspiracy
constraint
contaminate
contamination
contend
continued
contradict
convene
conversion
conviction
coronation
correlation
correspondence
corrosion
corruption
cosmopolitan
counterfeit
counterproductive
countless
courtesy
coverage
credibility
crucify
crude
crystal clear
cue

culmination
curse
custody
customary
cutting-edge

D
dangle
dare
dawn
dazzle
deadlock
decadence
deceased
decompose
deduct
deed
deem
defer
deflect
defy
delinquency
demographic
demolish
demote
denial
denounce
depletion
deploy
deport
deportation
descent
detain
detention
deter
deteriorate
devastate
devastation
deviation
devise
devotion
dexterity
diameter
dictate

dim
dimension
diplomacy
disadvantaged
disarm
discern
discharge
disclosure
discomfort
disconnect
discord
discourse
discredit
discretion
discriminating
disgrace
disguise
dismal
dismantle
dismissal
disorganized
disorient
disparity
dispatch
dispense
disperse
displace
disproportionately
disprove
disqualified
disregard
disrupt
dissect
disseminate
dissident
dissolve
dissonance
distinguished
distort
diverge
divert
doctrine
dodge
doom

dormant
downfall
downplay
downturn
drag
drain
drawback
dumb
dynamics

E
eclipse
editorial
effectively
eligible
eloquent
elude
emancipate
embark
embassy
embody
embryo
emigrate
eminent
empower
enact
enclose
encompass
endemic
endanger
endorse
enigma
enlighten
enslave
entail
entangle
entitle
entity
enviable
envision
epidemic
epoch
equalize
equation

equilibrium
equivocal
eradicate
erect
erode
escalate
escort
eternity
ethnicity
evacuate
evade
evasive
eventful
evict
evoke
exacerbate
excessive
exemplify
exemption
exile
existence
exodus
expat (expatriate)
expel
expenditure
expertise
explicit
explode
exploit
exponentially
exquisite
extensive
exterminate
external
extravagant

F
fabric
fabricate
fabulous
factually
faint
faithful
fallacy

falsify
fashionable
fasting
fatality
faulty
feasible
feat
federal
felony
fertilizer
fictitious
fierce
figuratively
firsthand
fiscal
flee
flush
foe
folk
foreseeable
foresight
forfeit
forgo
formalize
formidable
forthright
foul
fragile
fragment
frame
frantic
fraud
fraught
frenzy
fright
frugal
fruitful

G

genocide
gimmick
glaring
glitch
gloss

glossary
glow
grace
graze
gross
groundbreaking
grumble

H

habitable
hail
halt
hamper
harass
harmonious
harness
harrowing
harsh
hasten
hasty
hectic
herald
hinder
hoarse
homogeneous
hopefully
humane
hunch
hydrogen
hypocrisy

I

icon
iconic
illicit
illogical
immerse
immersion
immigrate
imminent
impair
impaired
impassive
impeachment

impede
impending
imperative
impersonate
implicate
implicit
implore
imposition
improbable
improper
improvise
inaugural
inception
incessant
incest
incidentally
incisive
inclusion
incompatible
inconsistent
incriminate
incur
indebted
indefinite
induce
indulge
inflation
inflict
influential
influx
informative
infrastructure
infringe
infusion
ingenuity
inhabit
inheritance
inhibit
initiate
inmate
innumerable
inscription
insistent
instill

instrumental
intact
integrity
intelligible
intense
intensify
intercept
interference
intermittent
intervene
intimidate
intolerable
intricate
intriguing
intrude
intuitively
invade
invariably
invasion
invoke
irrational
irrelevant
irreplaceable
irresponsible
irreversible
irrigation

J
jail
jeopardy
judicial
justification
juvenile

K
kidnap
knowledgeable

L
laborious
landfill
languish
lapse
laud

launder
lawmaker
lawsuit
leftover
legible
legitimacy
legitimate
lenient
lethal
leverage
liable
liberate
lingering
livelihood
lofty
lunar

M
magnify
mainstream
majestic
makeover
malfunction
malice
malnourished
malnutrition
mandatory
maneuver
margin
marital
marked
martial
materialism
mediate
mediocre
meditate
melancholy
mellow
memoir
menace
mercy
messy
migratory
milestone

mill
millennium
mimic
mingle
misconceive
misconduct
misleading
mob
mobilize
moderate
mold
monarch
monetize
monopolize
morale
mortal
mount
mourning
muddle
multitude
municipal
myriad

N
negate
negligence
negligible
negotiable
net
nomadic
nomination
notable
noted
noteworthy
noticeable
notion
notorious
notwithstanding
nudge
nuisance
nutrient

O
obedient

obnoxious
obsess
obsessively
obsolete
occupancy
offset
ominous
ongoing
openness
orchestrate
oust
outburst
outcompete
outcry
outdated
output
outsider
outskirts
outsmart
overdo
overdue
overflow
overhaul
overly
oversight
overthrow
overwhelming

P

pacify
panel
paradoxically
paralyze
paramount
pasture
peasant
perception
peril
periodically
peripheral
perk
perpetual
perplexing
persecute

persecution
perseverance
persistent
persona
petition
philanthropy
pierce
pitfall
pivotal
plaintiff
plateau
platform
plausible
plead
pledge
plight
plunge
pneumonia
poach
politically
pollutant
ponder
populism
populous
portion
posterity
preach
precarious
precaution
preclude
preference
preliminary
premature
premeditated
premise
preoccupation
prerequisite
preside
pressing
presumably
presume
prevail
prevalent
proceeds

proclaim
prodigy
proficient
profile
prohibitively
proliferation
propel
propensity
pros and cons
prose
prosecute
prostitute
protagonist
protocol
provable
proven
provisionally
provoke
proximity
publicity
publicize
punctuation
purify

Q

quaint
quantitative
quarantine
questionable

R

radioactive
radius
rampant
ransom
rapport
ratify
ration
rationale
readily
realm
rear
rebound
receptive

reckless
reckon
reconcile
reconstruction
redeem
redundant
referendum
refine
regenerative
rein
reinforce
reinstate
reiterate
rejoice
rejuvenate
relinquish
remittance
remuneration
render
repatriation
repay
repercussion
replicate
reportedly
reptile
reputable
resilience
resistance
resolution
restoration
resume
resurgence
retain
retaliation
retention
retreat
retrospect
revenge
revoke
rhetoric
rigid
rigorous
ritual
rivalry

rotten
ruling
ruthless

S

salute
salvation
sanction
sanctuary
sarcastic
satire
savage
saying
scam
scan
scrutinize
scrutiny
seasoned
seclusion
secondary
seemingly
segregate
selective
self
self-perception
senator
sensation
serene
setback
shabby
shallow
shed
sheer
shield
shiver
shortcoming
showcase
showdown
singular
skim
slack
slaughter
sluggish
slump

smuggle
snob
socialize
solemn
solicit
solitude
soothing
souvenir
sovereign
spark
sparkle
sparse
spatial
specify
specimen
spectacle
spectacular
spiral
splendid
spontaneous
staggering
stake
standby
starvation
static
stationary
sterilize
stern
stifle
stigma
sting
stool
stout
straighten
strain
stray
streamline
strenuous
sturdy
subliminal
submission
subordinate
subsidize
subsidy

substandard
subtract
subversion
sue
suffocate
summon
superfluous
superpower
supreme
surmount
surreal
surveillance
susceptible
suspension
suspicion
suspiciously
swap
symposium
synchronize

T

tactics
taint
takeaway
tame
tangible
tangle
technically
tentative
tenure
testament
testimonial
theorize
thirst
thread
thrust
tolerate
torture
tout
tradeoff[trade-off]
trait
tranquil
transient
transit

transitory
tremor
trespass
tribute
trifle
trigger
troop
truce
tumble
turbulence
turnaround
twist
tyranny

U

ubiquitous
unanimous
unauthorized
unconditionally
undeniable
underdog
underfed
underlie
underlying
undermine
undertake
undo
unearth
unfold
unification
unify
unintelligible
unrivaled
unsociable
unwittingly
upbringing
upheaval
uphold
uproot
upstart

V

valuation
vandalism

vanity
variable
velocity
venture
verdict
verge
verification
versatile
verse
veto
viable
vibrant
vice versa
vicinity
vigor
vigorous
vulgar

W

waive
wane
warfare
warrant
weave
weird
whatsoever
whereabouts
whistle-blowing
wholesome
wilderness
workout
would-be
wreck

Y

yardstick

memo

memo

memo

memo

memo

【著者紹介】

関　正生 (せき・まさお)

◉──1975年東京生まれ。埼玉県立浦和高校、慶應義塾大学文学部（英米文学専攻）卒業。TOEIC® L&Rテスト990点満点。

◉──リクルート運営のオンライン予備校「スタディサプリ」講師。スタディサプリでの有料受講者数は年間140万人以上。受験英語から資格試験、ビジネス英語、日常会話までを指導し、英語学習者に強力な影響を与えている。

◉──著書累計300万部突破。著書に『真・英文法大全』『英文法ポラリス』シリーズ（KADOKAWA）、『極めろ！リーディング解答力TOEIC® L&R TEST PART 7』（スリーエーネットワーク）、『サバイバル英文法』（NHK出版新書）、『中学校3年間の英単語が1ヵ月で1000語覚えられる本』『改訂版 大学入学共通テスト英語が1冊でしっかりわかる本』（かんき出版）など120冊超。英語雑誌『CNN ENGLISH EXPRESS』（朝日出版社）でコラムを連載中。

公式ホームページ 　　　公式YouTube
チャンネル

大学入試英単語　SPARTA 3　mastery level 1000語

| 2023年3月23日 | 第1刷発行 |
| 2024年11月6日 | 第5刷発行 |

著　者──関　正生

発行者──齊藤　龍男

発行所──株式会社かんき出版

　　　　東京都千代田区麹町4-1-4 西脇ビル　〒102-0083
　　　　電話　営業部：03(3262)8011代　編集部：03(3262)8012代
　　　　FAX　03(3234)4421　　　　振替　00100-2-62304
　　　　https://kanki-pub.co.jp/

印刷所──シナノ書籍印刷株式会社